田中角荣 卷 世界政要御人方略

小林吉弥 著

山东文艺出版社

姚晓燕／姚晓红
肖兰 译

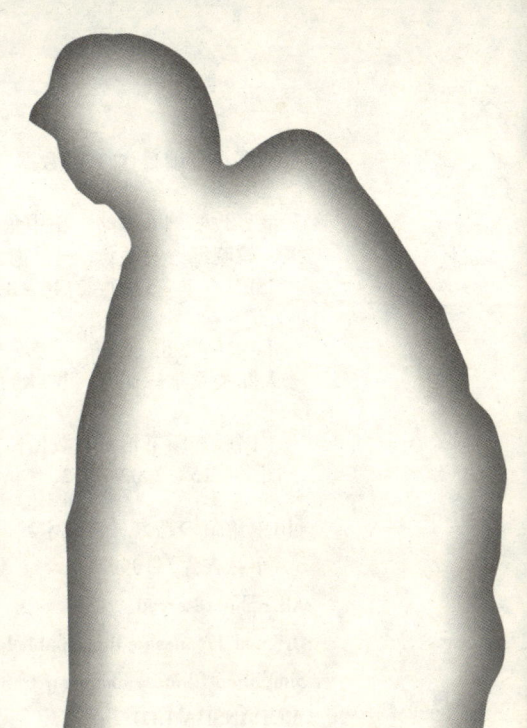

图书在版编目(CIP)数据

世界政要御人方略 田中角荣卷/〔日〕小林吉弥著；姚晓燕，姚晓红，肖兰译.—济南：山东文艺出版社，2004.1
 ISBN 7-5329-2146-8

Ⅰ.世… Ⅱ.①小…②姚…③姚…④肖… Ⅲ.田中角荣—人际关系学—研究 Ⅳ.K833.137=5

中国版本图书馆 CIP 数据核字(2003)第 026975 号
图字：15-2003-032

《田中角荣の超人材育成术》
ⓒ〈小林吉弥〉〈1999〉
All rights reserved.
Original Japanese edition published by KODANSHA LTD.
Simplified Chinese character translation rights arranged with
 KODANSHA LTD.

主管部门	山东出版集团
集团网址	www.sdpress.com.cn
出版发行	山东文艺出版社
电子邮箱	sdwy@sdpress.com.cn
地　址	济南经九路胜利大街 39 号
印　刷	山东人民印刷厂
版　次	2004 年 1 月第 1 版 2004 年 3 月第 2 次印刷
规　格	开本/32　890×1240 毫米　1/32 印张/6.625　插页/2　千字/121
印　数	5001-10000
定　价	18.00 元

译者的话

田中角荣作为一代名相深为广大读者熟知，但他也是一名出色的育才专家，这就很少有人知晓了。笔者有幸能将此书介绍给广大喜爱田中角荣以及对田中角荣的政治天分感兴趣的读者和研究者，同时，也希望笔者的笔力不会削弱田中角荣的个人魅力。

在战后的焦土中诞生的田中角荣只有小学文化程度，但就凭他突出的个人魅力以及少有的政治手段创造了日本神话般的经济高速增长，让废墟中的日本迅速地崛起在世界强国之林。数一数就知道，在田中角荣的熏陶及教导下，总共为日本政坛培养出5位首相，此外有名的政治家更是不计其数。"永远不败的统率力"、"协调能手"等众多美誉都给了他。

本书的精彩之处首先在于它的规模宏大。作者作为一名记者，从田中角荣作为干事长指挥大选起到他后来当上首相、引退、病倒直至去世的长达25年的时间里一直进行了跟随采访。采访对象包括各党议员、各级官员以及相关的政治记者等，涉及上千人，听取了他们对田中的人性各个侧面及政治手法的看法。围绕田中角荣、竹下登等日本政坛赫赫有名的政客你争我夺的斗争，通过大量翔实的、鲜为人知的事件的叙述，向我们展示了一代政治天才的精彩表演，同时还披露了一些绝密政治新闻。对于广大的群众来说，政治是些什么东西很少有人能够看得清。本书作者通过对诸多政治事件细节的客观性叙述，让读者明了了部分事件的原委，看到了政坛中不同利益团体为了各自的目的而相互勾心斗角的内幕。

但作者的本意并非在此。随着作者的叙述，我们触到了日本政界最高层的思想，聆听到了政治天才们的心声，感悟到了伟人的伟大之处。田中角荣可以说是位"人际学"大家，他之所以在日本历任首相中最受大众欢迎，秘密之一就是他那出色的演讲能力。田中的演讲并非引自报纸或书本，而是自己赤手空拳在社会上打拼、从人生中体验得来的，因而演讲很有震撼力、说服力，有血有肉，所有人都会不由得被他的演讲吸引住。除了非凡的演讲才能外，他心中还潜伏着一种天才般的才能，那就是能一下子看透别人心中真正想要的是什么。也就是说，他是一个把握人心的高手。田中就是这样通过控制跟对方之间的那些虚虚实实的"心理战"，得以长期在政界发挥决定性的影响。

21世纪的到来使企业被迫面临前所未有的自我改革和意识

变革，拥有人才的多少成了企业生死存亡的关键之所在，缺乏人才的企业很快会被淘汰掉。只有在这个重视人才的时代才更能验证田中角荣的思想，我们也发现，至今为止他的人格魅力以及他的育才之术依然值得学习。

在翻译此书的过程中，日本友人池田秀夫先生在语句解释、查阅资料等方面给予了大量的帮助，在此表示感谢！

由于时间仓促，文中难免纰漏之处，欢迎广大读者指正。

译者

2002年岁末

目 录

育人能手——代前言 ································· 2

第一章 "常胜不败"的统率能力 ······················· 2

第二章 培养"协调能手" ···························· 48

第三章 在上面站得住的人 ···························· 86

第四章 所以人们才会追随而来 ······················· 126

第五章 向"能人"取经 ····························· 162

参考文献 ··· 197

世界政要御人方略 **代前言**

育人能手 | 代前言

在日本历任首相中，特别受大众欢迎而且具有出奇能力的政治家首推原首相田中角荣。关于此人的真实情况，除了以他所建立起来的空前绝后、广大无比的人际关系为背景的领导能力外，还应着重提出的是，他还是个少见的"育人能手"。

在田中倒台后，田中派后来的势力中出现了竹下登、细川护熙、羽田孜、桥本龙太郎以及今天的小渊惠三共5位首相。此外，还有自由党党首小泽一郎、原官房长官梶山静六、众院副议长渡部恒三、原官房长官野中广务以及前民主党副代表鸠山邦夫等等，可谓人才辈出。这就是最好的证明。

这些人都曾以某种形式受到了田中的熏陶、影响，近年或者说现在的永田町的第一线都被田中的"遗产"占领了，这么说并不为过。从战后到小渊惠三一任共25位首相，但能够留下这种"遗产"的首相仅田中角荣一人。田中这位政治家的确是位育人高手。

　　这位田中还可以说是位"人际学"大家、博士级人物。他以自己赤手空拳从人生中体验到的"实学"为武器,在他身上潜在着一种天才般的才能,那就是一下子就能看透政治家、官僚、经济界或者对立政党现在正想要的是什么。也就是说田中是一个把握人心的高手。他通过控制跟对方之间的那些虚虚实实的"心理战争",得以长期在政界发挥压倒性的影响力。

　　在新世纪就要到来,又值战后55周年之际,日本社会正要发生天翻地覆的变化,企业也在经营理念上面临着前所未有的自我改革和意识变革。这时决定企业能否生存下去的是到底拥有多少人才,以及企业中的每个人是否在人尽其才。缺乏人才的企业,很快会被淘汰掉。的确,现在正是人才的时代。因此,此番要进行的就是对"田中式"育人妙法的验证。

　　回想一下,从昭和44年(1969年)田中作为干事长指挥大选起,到后来他当上首相、引退、得病倒下,直到平成5年(1993年)12月去世,在这长达25年的时间里,我都一直跟随采访了田中。田中这个人物是一个长时间处于政局的中心位置、发挥影响力的超级实力派人物。

　　这期间的采访,连贯了佐藤——田中——竹下派,所涉及到的人员除所属派系的议员外,还包括其他自民党议员、社会党等在野党议员、包括田中的秘书在内的田中派议员的秘书、官员、财

经界人士以及田中的选区——旧新泻三区的地方议员,还有最盛时拥有 10 万人以上会员的田中的后援会"越山会"的干部和相关的政治记者等,人数达到几百至上千人。我听取了他们对田中的人性各个侧面的描述及对其政治手段的看法。

作为政治家,田中因洛克希德事件而晚节不保,但人生本就是"他山之石",后世之人应以此为反面教材,学所应学、弃所应弃就可以了,这就是智慧。我们可以从田中那儿"偷学"的东西有很多,基于长达 25 年对田中的采访,笔者对此深信不疑。

在此顺便要说的是,本书中记述了田中本人的言行,也让许多和田中有或多或少联系的实力派政治家纷纷出场,举出了他们的许多铁事,希望藉此尽可能简单明了地验证"田中式"做法。另外,希望通过战后实力派政治家的登台亮相,帮助人们了解战后的保守政治。

还要说明的是,书中出场人物的头衔都以今天,即平成 11 年(1999 年)9 月 1 日为准,抱歉的是我把敬称全部省略了。关于引用文献的出处书中已写明,作为参考资料的文献统计在书后的一览表内。

小林吉弥

平成 11 年 9 月

世界政要御人方略　第一章

第一章

"常胜不败"的统率能力

▌用"自己的语言"

能否用"自己的语言"而不是借用别人的话,这是说服别人的关键之所在。

众所周知,田中真纪子是原科学技术厅长官。作为田中角荣的长女,她被许多人看好,认为如果日本出现女首相的话,非她莫属。

性格率真开朗,语言明了且有震撼力,正义感强,摒弃装腔作势,任何事只有自己彻底了解了才舒心,一旦水落石出就会立即付诸行动。上述这些地方跟其父田中角荣非常相像,只是多了些任性，使真纪子与其父相比少了画龙点睛之笔。

其中她最突出的一点是语言富于感情、机智和震撼力，可以说跟她父亲简直是一模一样。

她对参加平成10年（1998年）7月的自民党大选竞选的小渊惠三、梶山静六、小泉纯一郎分别作了"凡人"、"军人"、"奇人"的评价，令人拍案叫绝。她还把行事不着边际、不够干净利落的自民党干事长森喜朗的名字念成"SINKIRO（蜃气楼）"（日语中"海市蜃楼"发音同"森喜朗"），把将以前搁浅了的法律草案又一个个都拿出来推行的小渊首相称做"狼吞虎咽首相"，此言也无比生动有趣。

就是这位田中真纪子，在众院曾两次当选（现在把以长冈市为中心的小选区新泻五区作为势力范围），每一次都是以第一名当选，选举实力很强。

这是为什么呢？

这个选区以前是其父亲的王国，因此，不否认选民是在真纪子身上寻找着田中角荣的"影子"。但是，更重要的是真纪子在选民面前始终都是在用"自己的语言"说话，这在很大程度上提高了选民对她的评价。

笔者在田中角荣还健在时，曾几次去当时的中选区——新泻三区采访当时的竞选活动。最终明白了，他之所以常以压倒多数的优势当选，而且实力总是那么强，其秘密之一就是演讲。

无论是在大都市里众多的听众面前，还是在听众只有二三十人的山村，他的演讲都一丝不苟。时而穿插些小幽默，时而加些棒喝，没有一句话是从书本或报纸上抄来的，全部都是从自己的实际体验中得来的"自己的语言"。正因为完全是独创的，没有借用别人的话，所以语言有震撼力、有说服力，有血有肉。因此，无论谁都会不由自主地被演讲吸引住。

例如：

无论是造客船还是造油轮，日本人最怕重体力劳动。韩国工人的报酬要比日本人低几成，所以造20万吨位以上的油轮时，比我国成本要低10%。到底从什么时候起，日本人也养成仰头等天上掉馅饼的懒惰品性了？日本人必须靠才智和努力才能进入世界市场！将来总有这么一天，船的主体由韩国制造，而精密仪器由日本制造，再把它们组装起来，这样的时代终会到来。那样的话，大城市的工厂就会坐上新干线杀到新泻来找优秀的工人。这些，经济学家们不懂。那么有人会问："田中你懂吗？""懂！"（听众笑）那是因为我是个变化无常的政治家。（听众爆笑）（1980年3月于众参同日选举前的"越山会"誓师大会）

如果啥都不干，内阁是不会长久的呀。事到如今，就应该在任期内把事情处理完。工作紧张了身心会受到伤害啦，不干工作才会长寿啦，这些托词对政治不适合。自民党内阁现在最应该注意的就是这个。因为是人在干事情,所以会肯定有不成熟的地方,但是,那些不足之处是可以在历史的长河中得到补足的。如果每天都空虚地度过,那么一个有责任性的政党就不可能担负起应负的责任。日本人是很性急的哟,要是幕布老不拉开,他们会发火的呀。不过,他们还是能够空出足够的时间来欣赏能乐(日本的一种古典歌舞剧)和狂言(日本的一种古典滑稽剧)等高雅艺术。在这样的日本,与其一味慎重而错失良机倒不如加快些速度,这样更能取得国民理解。要是老不干活的话,就会有性急的家伙站出来说:"让咱来替他吧!"(1980年11月在TBS电视台"自民党建党25周年"特别节目中接受采访时这样批评当时的铃木善幸首相)

田中就是用这种"自己的语言"抓住了许多人的心。

在历任首相中,不做"外交式发言",能用"自己的语言"发言而不让记者写出什么错误报道的,也只有田中和原首相池田勇人、中曾根康弘以及原副首相渡边美智雄。这些人物至少都有一个共同点,那就是在国民中很有人气。田中真纪子也一样。

田中角荣对代表自己去发表演讲的秘书等亲信这样叮嘱道:

"不要不懂装懂,不要自作聪明,那只会让听的人一下子看穿;要用自己的话尽全力地去说,那样,人家才会听你来讲。"

"宽以待人、乐善好施"是诀窍

今天的自民党森派起源于福田（赳夫）派。福田引退后出现了安倍晋太郎的安倍派，再往后是三塚（博）派、森派。

"传统"这个词说得真好，田中（角荣）派——竹下（登）派及属于此流派的小渊（惠三）派一旦进入战斗，就会团结一致，即使玩弄一切权术也要胜出。与此相对，继承了池田（勇人）派——前尾（繁三郎）派——大平（正芳）派——宫泽（喜一）派的加藤（宏一）派实在是传统型的"战争笨蛋"，福田派——森派这一流派也同样丝毫没有改变其"王道志向、温文尔雅"的传统。

在此，谈一下一向"王道志向、温文尔雅"的福田派中的安倍晋太郎的领导能力。

安倍晋太郎的父亲安倍宽是众议员，安倍晋太郎抱着将来做个政治家的志向，进了每日新闻报社。不久，跟即将登上首相宝座的岸信介的长女洋子结婚，在昭和33年（1957年）的大选中初次出马就成功当选。同时期还有后来成为首相的竹下登和成为副首相的金丸信。竹下和安倍两人，在众院全体大会会场内的议席是右边前数第二排相邻的两个。两个人还互订了夺取天下的盟约——"我们的时代就快来了，到时咱们猜拳来决定顺序吧。"这发展下去就是之后的"安竹关系"。

之后,安倍作为"福田派的太子",有岸信介做后盾,更受到福田的宠爱,被当做福田的接班人培养起来。不久,安倍就任自民党政调会长、外务大臣等重要职位。中曾根(康弘)政权的后继由中曾根自己裁定,竹下、宫泽喜一、安倍三个人争抢的结果是最终政权没交接到安倍手上而是给了竹下。

打那以后,安倍在竹下政权内担任干事长,等着做竹下的接班人。不料,平成3年(1991年)5月,他得癌症成了不归之人,没能实现其野心。

安倍天生的性格和素质,使得他白白错失了两次机会。安倍的性格、素质象征着福田派所代表的王道志向、温文尔雅,这使得他在权力抗争时待人过宽。

所谓的"两次机会":

第一次是在昭和57年(1982年)铃木(善幸)内阁发表下台声明之后。当时安倍在自民党总裁大选的党员选举这一预备选举中出马,第一次站在了夺取天下的入口处。安倍紧跟在中曾根康弘、河本敏夫后面排在第三位,好歹巩固了其"新领导"的地位。但是关于他对待战斗的态度,有这么一个说法:

> 本来安倍绝对有可能超过河本硬争个第二的,但是,当时在福田赳夫会长和安倍之间好像没能达成一致的战略。为此,福田派的元老就没怎么为安倍运作,最终导致了他的失

败。为什么呢？因为他们觉得安倍人太好，待人过宽，所以他夺取天下还"为时尚早"。结果，安倍阵营就被拥立中曾根的田中角荣率领的田中派给轻而易举地击败了。的确，安倍是"福田派的太子"，但是，待人过好使得他成了"软弱的太子"，也使他失去了元老、资深议员们的舍命相助。（原安倍派责任记者）

第二次是在安倍接替福田就任安倍派会长时，就是前面说过的"中曾根裁定"之时的事情。最后结果是，中曾根将继任的位子裁定给了竹下。当时，很多人都私下里纳闷，为什么安倍没有在此决定之前跟竹下拟定好"以后的事"呢？

当时，竹下、宫泽、安倍他们三个人都举了手，但真正到了选举却是竹下压倒性胜出。安倍应该在中曾根决定裁定之前给竹下施加一点压力的，能否有效姑且不论，应该跟竹下以某种形式订立个"接班密约"。竹下也不简单，虽然握着安倍的手说着"下次就轮到安倍你了"，但是以后的政权——当然一方面也是因为安倍身体不好——竹下为留下自己的影响力将其传给了宇野宗佑、海部俊树。（同上，原安倍派责任记者）。

这儿所说的安倍"待人过宽"是怎么一回事儿呢？

作为领导，他要带着整个集团向前发展，所以，是否具有基于独到见解的洞察力而制定大政方针的魄力、是否能够对部下严格执行"赏罚分明"是作为领导不可或缺的条件。

很遗憾,安倍在前一项上对派内事情多虑,不够大刀阔斧,而且对于后项也缺了点严厉。因此,在安倍死后,派内出现了"骨肉纷争"的悲惨局面,当时被称为"安倍派四大天王"的盐川正十郎、三塚博、森喜朗、加藤六月上演了惊人的势力纷争,石原慎太郎集团也"参战"了,引发了极大的混乱。

自民党的某位资深议员回顾安倍的领导能力时这么说道:

"安倍这人是个不知道什么是辛苦的'公子哥儿',所以他斯文又高雅。但是,安倍待人太善。与人太善会被瞧不起,而过硬的话别人又不会亲近他,所以为善要有个度。而且,还要乐善好施,人家飞奔过来了,你却迎头给他一棒,这不是领导该有的表现。安倍也很乐善好施,但他太善了,结果就因微不足道的差距而失掉了整个天下。"

不要赶尽杀绝

这个社会无论从各方面讲都是个"竞争的社会",就连企业间也有权力竞争。不用说,这些竞争中有胜利,也有失败。

在此需要强调的是,既然胜利了,就没有必要再跃出"相扑台"穷追对方;没有必要将对方打得体无完肤,再也站不起来。假设对方被逼到了相扑台边(毕竟这并非真正的厮杀,只是场比

赛），胜负也就见分晓了，绝对没有必要再把对方推到台下。重要的是要给对方留下一点"退路"。不定什么时候你会和这个对手握手言和，过不多久，他也许还会为你所用呢。

换言之，将对方推到相扑台下的类型，就是待人过于强硬的类型。前面提过的安倍晋太郎待人过宽，而这种人过于强硬，别人很难靠近。没有亲和力，缺乏大众的支持，要确立领导地位就相当难了。

而田中角荣就是待人之宽适度，同时又极富同情心的典型。

有这么个小故事。

有一个从参院全国区当选的人物圆山雅也。圆山是一个在媒体适时露面的律师，初当选时在新自由俱乐部，后转向自民党，归属了河本派。

这个圆山于昭和55年（1980年）12月召开了个纪念会，纪念自己的专著出版。当时的田中由于洛克希德事件脱离了自民党，已无所归属。圆山遵照惯例，在给自民党的众参所有议员都发了请柬的同时，出于向原首相表达敬意，也给无所属的田中发了邀请。

以下是圆山所说的：

"我在新自由俱乐部时，作为组织委员长在全国大说特说原首相的坏话，肯定让他恨透了。万没想到这位原首相竟然回信说'很高兴接受您的邀请'。在纪念会的前一天，办公室来人郑重地告知我田中不能前来了,原因是田中有个熟人突然去世。'很遗憾实在无法出席了,非常抱歉。'说完,秘书又深深地鞠了一躬,递给我一份贺礼:'这是一点儿小意思……'

"为什么这样对待我这个说尽坏话的人呢?贺礼自不必说了,田中的这种姿态让我好像明白了他收揽人心的妙处之所在。让你确实感到他的待人之善、胸怀之广。"

不用说,这以后圆山再也不对田中大肆批判了。

在野党民主党内有一个名叫鸠山由纪夫的政治家,他也参加了平成11年(1999年)9月下旬的党代表选举,是个很有意思的政治家。

鸠山不喜欢以往的许多实力政治家所玩弄的权术,他的言行不拘于以往的思维。说起来他应该归于"新感觉派"、"政界新人类"。鸠山的思维和言行对于21世纪的政治会不会产生什么新气象?为以往的政治风格打开了"缺口",是否能扎根这个世界?这些都让人拭目以待。

但是,以菅直人为代表、鸠山为实际领导的今天的民主党,虽说是在野党第一大党,却并没表现出与之相应的大家风范。民主党中有以民政党为代表的保守派和旧社会党出身的革新派等,是个四党派的"杂居地",百家争鸣不能一统是它最大的薄弱点。

而且还有人对鸠山的领导人资格提出了质疑。

据民主党某中坚议员所讲,平成8年(1996年)9月,鸠山在

创立今天的民主党前身时，曾对社民党的村山富市（原首相）、新党魁党的武村正义（藏相）说"你们就别参加了"，将这些元老、资深议员很干脆地关在了大门外边。这位议员说：

"这些老将们有着久经沙场的智慧，现在的民主党中没有人能够与自民党进行真正的信息交流。党的两根支柱，菅代表和鸠山代理干事长都太强硬了，所以国会运营陷入僵局，党内的异议无法得到统一，形成不了统一的意志。大家都希望哪怕你代理干事长心中未必乐意，也应该有点胸襟，巧妙地利用起元老或资深议员们。如果没有将这些人排斥在外，今天的民主党也许会成为一个令对手更难对付的政党。"

以前，有个叫河野一郎的实力派政治家，差一点儿就夺取了天下。他是原自民党总裁河野洋平的父亲。之所以没有取得天下，原因之一就是对人的好恶过激，也就是说待人态度过于强硬。

这使我再次想起了田中角荣的名言：

"世间的真理并不只是白或黑，还存在着一个广大的中间地带（灰色区域）。如果不能纳其为友，就无法取得天下。"

他告诉我们待人的态度要适中，让对手再也爬不起来的做法没有任何意义。

"师敌之长、败而后知"

人生正如"他山之石",观他人之行以正吾身,这才是成长之路。

自己的知识、体验等归根结底都是偏颇的。为什么我没能胜过那家伙呢?为什么我的人际关系老搞不好呢?退一步就能明白原因之所在。也就是说,要"师敌之长、败而后知",只有采取这种态度,才会为以后的人生积累享不尽的财富。

从这一点上来看,德川家康正是如此。

德川通过大阪的"夏之役"夺取了天下,而在此之前,他几乎一事无成。作战是屡战屡败,而且绝不是普通意义的失败。在那段时间里,他没有过多考虑自己的战术,而是考虑自己不胜的原因在哪里,敌方的作战方法又优在何处。

可以说德川是将全力倾注在"师敌之长、败而后知"上了,因而他最终成功地夺取了天下。

原首相竹下登把这点沿袭下来用到了政界。

竹下从其师父佐藤荣作以及佐藤派内师兄级的田中角荣那里偷学到了所有的智慧。竹下在田中夺取天下之后,长期被田中所疏远,在田中的束缚下错失了夺取天下的良机。对于竹下来说,田中毋宁说是他的"大敌"。但是,在这期间,竹下一直在观察并研

究着田中，为什么一度不得已而引退的田中会拥有那么强大的影响力呢？

竹下的隐忍、服从终于在不久的将来为他夺取天下积累了大量的智慧。

佐藤首相在昭和47年(1972年)5月15日实现了"冲绳回归"①，并以此为契机引退。田中(当时的通产相)为了准备佐藤派内的实质性夺权大战，即他同福田赳夫之间的总裁大选决战，在派内成立了拥护田中的集团。当然，对参加这一集团的议员的事前工作也十分周到。但是，到底会有多少人避开支持福田的佐藤的耳目参加进来呢？这就很难判断了。

事已至此，只有一气呵成，先发制人了。田中的做法正是如此。

当时任田中秘书的早坂茂三(政治评论家)记下了当时的情形：

> 5月9日夜，佐藤派内田中拥护集团正式成立。地点在东京柳桥的一个名叫"稻垣"的日式酒家里，负责人即"元帅"是木村武雄。佐藤正式发表引退声明是在6月17日，而且他拟为候补首相的是福田赳夫(时任藏相)，所以自然不能明目张胆地举旗。也就是说，这是一次非公开的成立仪式。

---

①冲绳回归：二战后，冲绳施政权属美军。佐藤首相时，施政权返还给了日本。佐藤因此获诺贝尔和平奖。

当天,头儿本人没有去会场,他一直坐在目白家中会客室的电话机前,而我则受命在集会前一小时就呆在了"稻垣"门厅旁的小房间里。我把房间的灯光调暗,窗子开了一条缝,每来一位议员就用手边的电话把他的名字通知给目白的司令,而田中听了后就在佐藤派所属众参两院议员的名字上用红笔画上〇记号。我手边也摊开一份相同的名单按到达先后画线。当我告知完最后一个名字后,头儿说话了:"哈,正如我所料。行了,辛苦你了。"在当天的集会上,田中拥护集团控制了佐藤派的大势,事实上是诞生了一个田中派。(早坂茂三《田中角荣回忆录》)

最后,田中以这个事实上的田中派的成立为契机,展开了同大平(正芳)派、中曾根(康弘)派之间的争取多数派的工作,在7月的大选中击败了对手福田取得了天下。

再说竹下,从田中的长期咒缚下摆脱出来后,他巧妙地盗用了田中的这一手法。对竹下来说,正是"师敌之长、败而后知"。

那是在昭和60年(1985年)2月,竹下以金丸信、小渊惠三、桥本龙太郎、梶山静六等田中派的骨干为核心,突然决定在派内成立竹下集团"创政会"。不用说,这使田中怒火中烧。

"我在这儿正为洛克希德事件讨还自己的清白,你竟敢搞个派中派!"

这时竹下暂且让步了。同月27日,由于田中脑梗塞倒下,"创

政会"不得已停了下来。

但是,一旦有了路,就一定会有人走。不久,这个"创政会"成了田中派的大势之所在,大约两年后的昭和62年(1987年)5月,真正意义上的竹下派成立,田中派141人中有近130人参加了这个"竹下派"。

最后,竹下在当年10月,由于身为自民党内最大派阀领袖,被中曾根康弘首相指名为接班人。苦守节操这么多年的竹下登,终于取得了天下。

当然,天下并不是仅靠一己之愿就能得到的,需要"天时、地利、人和"这三个条件都具备。但是,我们也不能忽视,这正是竹下下对从其"大敌"田中那里偷学的智慧进行分析、活用的结果。

要用"眼"来挑部下

领导并运营一个组织,其关键在于如何巧妙地做好人事工作。如果不能量才录用,就必定导致某个环节不能正常运转。如果是一个企业,那这家企业就很难有活力。

人事工作的佼佼者,政界当属佐藤荣作(原首相),经济界可推松下电器的创始人松下幸之助。

佐藤一直是个"沉默寡言之人",这是他没有人缘的一大原因。但是,一方面竞争对手相继去世帮了他的大忙,更主要的还是由于他出色的人事管理才能,使得他执政长达7年零8个月。

特别值得一提的是,他使支撑佐藤政权的三大支柱田中角荣、福田赳夫、保利茂经常处于"竞争、牵制、均衡"的关系中。佐藤一方面使窥视自己"宝座"的田中和福田互相对抗,另一方面又把同这一斗争保持着距离的保利作为两人的调解者,充分发挥其协调作用。

这三大支柱谁也不能突出出来,包括在地位上也是。这次田中受宠福田受冷落了,那下次就会让田中吃冷饭而把福田高捧起来。同时结合二人的具体情况将保利的位置也安排得恰如其分。这简直将人事工作的基本原理"check and balance"(控制与均衡)运用得淋漓尽致了。

再来说一下松下,他的人事工作的基本点在于看部下的长处而非缺点,运用他们的长处使得他们人得其所,所得其人。同时,通过频繁的人事调动,发现部下的新能力,这是他的特色。松下电器以"育人公司"而闻名,在今天他们仍然沿袭了幸之助的这一人事政策,丝毫不放松对人才的活用。

在另一个意义上,有着成功的人事经验的典型还有田中角荣所信赖的西武铁路集团统帅堤义明。

堤义明是个独裁经营者。他作为集团的首脑,确立了"绝对服从主权学"。他认为"窗边族"(受冷落的人)是经营者的懈怠造成的,重要的"一是客人、二是职员、三是股东"。既然是服务业,首先

要想客人所想,这会带给员工利益。堤义明以率先垂范为宗旨,他自己每天早上四五点钟就起床开始处理事务。人事权也不交给现场管理者,重要人事全是自己来处理。

堤义明提拔人物的方式更是特别。

在选拔人才时,堤很重视人的"眼睛",他解释说:

"上层的人事由自己来处理是理所当然的。如果对此不管不问,那绝对是干不好工作的。因为,如果他们失败了,那所有的责任都不得不由我来负责。我对人才的评价力、鉴别力强,这是理所当然的。

选人还是看'眼睛'啊。眼睛呢,必须清澈。比如根本,只一次就通过了,也就是仅仅10分钟时间,我当场就断定这个男人可以信赖。人嘛,说到底就是互相信任或不信任啊。"

这儿提到的根本,是平成11年4月去世的职业棒球太平洋棒球联盟福冈大荣鹰队领队根本陆夫。

堤义明于昭和54年(1979年)收购了太平洋皇冠火机狮子队,成立了现在的西武狮队。当时,新领队的人选是个迫在眉睫的问题,抱着试一试的念头,堤义明先见了一下皇冠火机队的领队根本。"10分钟后"竟然就决定同他签订3年合同,由他来担任领队,还决定包括转会等在内的球员及教练的人事权也全部由根本负责。

堤义明是这样解释的:

"我觉得这个人值得我委以重托。他的'眼睛'生得好,清澈见底,而且性格也好。我看得出来,他一定能创造出一个我希望的西武狮队。当时我只说了一句:'如果西武狮队在你的手上经营不善的话,你就和教练们一起给我辞职。'也就是说,既然全权委托给你了,一旦出问题你就应该给我负起责任来。"

根本成了堤义明的眼睛。因为接手的是联赛成绩很差的皇冠火机队,所以当年的成绩排在最末位(昭和54年),昭和55年排在第四位,昭和56年仍毫不动摇地排在第四位。从经营上看,拉拉队由皇冠火机时代的每年77万人一举增加了80%,成为137万人(昭和54年),根本任领队第一年就排在了太平洋联盟第一位,其后也持续走高,152万人(昭和55年)和158万(昭和56年)的拉拉队人数都位居太平洋联盟第一,可以说在经营上取得了"优胜"。

这位根本越发取得了堤义明的信赖,领队合同期满后,又坐上了球队管理部长的宝座。他相继将广冈达朗、森祇晶等人才推荐为领队,堤也信任根本的"眼睛",对此表示赞同。不久之后,西武狮队就在这两名领队手下确立了"常胜球队"的地位。

根本以后又得到了大荣的主子中内功的赏识,被聘为福冈大荣鹰队队长,为福冈的地方队带来了全国的人缘,没有辜负中内功的期望。

根本在球员时代并不出色,但是堤只用了10分钟的时间就

从他的"眼"中挖掘出了他的内在潜力。

历史上效命于织田信长,让丰臣秀吉为之震撼,领导号称"最强之师"的名将蒲生氏乡也以"人事名人"而闻名。

这个蒲生也说:"选部下我先看'眼'。好的话就用,不好就辞掉。"

俗话说:"眼睛会说话。""眼睛"可以让人决定你的去留。当然,主考的一方如果没有"眼睛"的话,那可就无从说起了。

实践"列宁主义"

创建了苏维埃国家,给了全世界工农解放运动、无产阶级革命极大影响的社会主义运动史上最大的实践家、指导者、政治家列宁,本名乌里扬诺夫。列宁是他作为一名优秀的理论家写作《怎么办?》、《唯物论和经验批判论》、《国家与革命》时的笔名。

列宁在复杂的国际形势下镇压了反革命运动,建立了苏维埃政权。但是,1917年沙俄在二月革命后,成立了资产阶级临时政府,出现了"两权并立"的局面。临时政府在继续第一次世界大战的同时,对国内激进派分子采取了弹压政策。与这一临时政府相对峙的列宁联合托洛茨基等,领导苏维埃士兵、工人、农民组成了社会革命党(布尔什维克),通过十月革命掌握了政权,不久建立了苏维埃国家。

列宁的做法中最富特色的就是他为了说服士兵、工人和农民等大众,首先亲自进行实践。就是说作为一名领导者,他绝对是率先垂范的。在进行说教之前,先亲自以身示范,然后再来引导大众。

我们可以发现,田中角荣在日后构建起广大无比的人际关系网,汇集了无数热心的"田中派"信徒们,构筑成坚固的基石,也是因为实践了这一"列宁主义"。

有以下几个例子可以为证。

田中对有志于政治家的人以及新当选的议员们讲过如下名言:

"只会对选民进行自我吹嘘的家伙成不了大气候。首先应该对自己想讲的事进行实践,如果没有结果,那政治也就等于零,选民也不会追随你。那么,我们需要做什么呢?只有走遍选区的各个角落。你必须比任何人都更早地了解居民现在最盼望的是什么,最头疼的又是什么。总之,去走走吧,走一走、听一听吧。但如果就此了事的话,那你只不过是一个普通的众议员,只有进而把居民的愿望变成现实,你才能被称为一个政治家。我从一开始就是一个人这么走过来的。

"如果你们明白了这个道理,就来告诉我,我会尽可能给你们提供帮助。我了解法律,我制定的法律可利用的地方有很多。如果觉得跟我说很为难的话,那就去找星期四俱乐部(田中派)的前辈们商量;即使你觉得很为难,也不要就那么放弃了,总会有办法的。你们比别人要幸运,因为你们有这些后盾,要是不好好利用,会遭报应的啊。"

即使在任自民党干事长时,田中在投票日快到时也从不呆在党本部里,他要亲自收集分析信息。而且,即使是乘坐包机、专列、直升机包机,也要为"最后一步"的竞选声援奔忙,绝对是率先垂范。

对于官僚①,田中也亲自制定了相关的政策草案。那绝对不是简单制定的,他的构思常常十分大胆,给无法冲破壁垒的官僚们传授了很多智慧。例如,有这么一段有关推迟开发高尔夫球场的小故事。官僚们都感觉高尔夫球场过多了,无论如何也改变不了这一看法。他却说:"根本不会。高尔夫球场多了,万一国家发生什么事,也还可以转做旱田,种些白薯,使国民免于挨饿。像这样老是些荒山,能种白薯吗?没人会怪我们的,这绝不是浪费。"而且,他还运用政治力量使这些法律草案作为正式法律得以公布于世。对于官僚们来说,所谓的"有能力的政治家"、"可追随的政治家",主要看一个人是否具有政治能力,是否能将他们制定的法律草案正式化。如果他们不承认某位议员是政治家,他们只会随声附和一下,而绝不会你说什么他们就听什么。

---

①日本政界分官僚派(政府官员)和党人派(政党出身的党派人士)。

还有一位名叫藤山爱一郎的政治家。

藤山是拥有大日本制糖、日东化学等多家企业的"藤山联合企业"的太子藤山二世。年纪轻轻就坐上了东京工商会议所会长的位子,在岸(信介)政权下被提升为外务大臣,尽管他并非议员(日本内阁成员多为议员)。经济界一致高呼:"为什么到如今还要再跳进这江湖险恶的政界呢?"当时作为评论家说尽刻薄话的大宅壮一也说:"不应该把好好的一块丝巾当抹布用啊!"局外人士呼声不断。

以后藤山又在池田(勇人)政权下任经济企划厅长官、自民党总务会长。这期间他意识到自己应该夺取天下,这是所有踏上政界这一"兽路"的人的本性。结果他参加了池田"三选"(第三次大选)。这时的自民党总裁候选人除池田、藤山以外,佐藤荣作也出马了,三人展开了惊人的金钱选举。藤山投入了巨额的资金,可是却位居第三,以最后一名收场。

经过这次选举,藤山自由支配的资金告罄,真是钱尽不相识,人们纷纷离开藤山派。最后钱尽人散,他也成了一位"空壳政治家"了。

昭和50年(1975年),藤山在噩运不断时从政界引退。当时的自民党干部对他有如下评价:

"藤山是个好人,但却是个大少爷、大老爷,率先垂范、以身试黑他做不到。他总是放不下自己的架子,因此,跟同伴间的纽带不

结实,一旦有变,就会树倒猢狲散。

这再次证明了,作为领导人率先垂范,即对于"列宁主义"的实践是必不可少的。

▎队员兼领队式管理者

领导,尤其是高层领导,如果只知道每天趴在办公桌上,跟一些数字呀资料什么的做鬼脸,这样的企业是没啥前景的。

这是为什么呢?因为他们的手下往往就觉得领导的眼睛也许看不到现场,所以很容易偷懒。因此,高层领导应该实际深入到现场去进行检查,也就是说必须进行"抽样检查"。这就意味着,高层领导应该是个"队员兼领队式的管理者"。若非如此,就不能掌握部下、激活工作现场。

作为"队员兼领队式的管理者",很重要的一方面是要看一个领导者是不是有现场指挥的能力。换句话说,就是上一节所说的,能不能对"列宁主义"进行实践,即率先垂范、对部下以身示范。

因此,从年轻时起他们就应该经历基层摸爬滚打的磨炼。那些在短时间内在各级位子上坐个遍的精英们往往缺乏这种现场指挥能力,这当然是因为他们没有能够亲身去体味各种基层会有什么样的艰辛和难题的缘故。让他们去基层指导工作只会添乱,指挥也就会成了"纸上谈兵"。

回过头来再看看田中角荣。他白手起家,十几岁就创办了进入全国50强的土木建筑公司。正因为如此,他对基层是名副其实的精通。在雁过拔毛的环境中,他深悉人的心理以及使基层单位顺利运行的重点是什么、人们讨厌的工作是什么等等,他能牢牢地抓住问题的关键。

这帮了田中很大的忙。日后他进入政界后也是事事率先垂范,亲自站在队伍前面挥动指挥棒发布号令,这使他在不久之后创造了强大的"田中集团"不败的神话。随着集团组织的日益扩大,获得的情报大都是第一级的,他要亲自进行分析,决定战术战略,所以在权力抗争时他不会落后于别的派别。

也就是说,田中的现场指挥能力是极其优秀的。可以说他是一个具备"队员兼领队式管理者"能力的政治家。

再看一下实业家,情况也一样。

先前提过的堤义明,也是一位罕见的"队员兼领队型的管理者"。

堤义明年轻时,从父亲——西武铁路集团创始人堤康次郎(原众院议长)那里获得了相当多的基层经验。康次郎的帝王之学一言以尽之,正是"从基层学习"。

堤义明的率先垂范是出类拔萃的。

他自己也说:

"比如在建高尔夫球场时,最初的一年里我每天都要看工作

报告,甚至还要提醒他们注意剪草方法。接下来的一年,每周看一次每日的工作报告,到第三年才全权委托。"就是说他有很长一段时间是不会让目光远离工作现场的。

但是,事实上比这还要惊人的是他经常进行"抽样检查"。

堤义明有一段时间经常乘坐直升机到分散在日本全国各地的所有相关事务所去进行一线指挥——因为呆在总公司里是无法掌握客户动向的——不管是周末或假日。因此,西武铁路集团旗下公司的董事、部课长级官员们在假日里绝对不会去西武经营的高尔夫球场玩。

原因呢?这是因为他们觉得老板成天坐直升机各处视察,说不定什么时候想起什么就降在了他们所在的高尔夫球场。一不小心让碰上了,"干什么呢你们!今天的工作干得怎么样了?"就会落个被他这么当头棒喝的下场。所以,虽说是董事、部课长了,也还丝毫不敢马虎。

旅馆的经理也一样。有一次堤义明顺路去一家旅馆,他问:"经理呢?"工作人员回答说"正在公休"。几天后,经理就吃了调动的苦头。在堤义明看来,铁路、旅馆、高尔夫球场等行业都是全年无休的,而且说不定什么时候会发生什么事,而最高责任人却不在,这算怎么一回事?哪有什么公休不公休呢?

例如,星期天旅馆客房里的喷头坏了或者电视没图像了,这种时候,最高责任人必须在一线指挥,跟在维修工屁股后面督促

他们赶紧维修。如果推脱说什么今天是星期天之类的话,客人也许就再也不来这家旅馆了。这就是他的想法,也是因为堤义明具有"现场指挥能力"。

还有一个人,就是一开始创建了国际兴业集团,后来被人称做"政商"的小佐野贤治,他至死都在坚持率先垂范、"抽样检查",这与堤义明几乎不分上下。

有这么一个小故事。

那是小佐野在夏威夷逗留时的事。他往位于东京站八重洲口前的国际兴业总公司给当时任副社长的弟弟小佐野荣打了个电话,那是早上8点。不巧,荣还没来上班,先到公司的职工接了电话。电话那头传来贤治雷霆般的怒吼:

"这样怎么能当公司的最高领导呢?怎么能起带头作用呢?让阿荣辞职!你给我告诉他!"

贤治直到晚年,每天都比规定的8点45分的上班时间早一个多小时就坐在国际兴业总公司自己的办公桌前,像前面对自己的弟弟那样,把干部依次叫来问话。因此,在国际兴业,经常会看到干部们飞奔着在公司楼梯上跑上跑下。如果不巧因为等电梯而晚出现在小佐野面前,那就等着震耳的雷声吧。

中坊公平,作为国策公司"整理回收机构"前任社长,为旧住宅金融公司等全国52家破产金融机关东奔西走,回收了高达4兆日元的不良债权,并因此而闻名全国。他尽管已近70岁高龄,

却还对社会公正满怀热情，是一个难得的人。

中坊有句口头语："对于律师来说'基层有宝'。"即指挥工作的领导人有必要成为常驻基层的指挥官，也就是说领导人必须具有"队员兼领队式管理者"的能力。

我们应该明白，部下对有基层指挥能力的领导具有信赖感。

"一流领导、二流老板"

平成 11 年 4 月，鸠山邦夫在东京都知事的选举中落选。他从东京大学法学部毕业后，叩开了当时的首相田中角荣的大门出任秘书。自昭和 51 年（1976 年）大选中初次出马以来共当选七次，其中一次入主内阁，任文部大臣（教育部部长）。鸠山是个精英，他教养出众，但叛逆心理也相当强。

但是，另一方面也有人说他不够决断。在平成 9 年（1997 年）秋民主党成立之际，说起来当时既有其兄鸠山由纪夫的大力推举，而且 4 年前他又曾参加过上届都知事选举，可就这样他还是踟蹰不前。人们普遍认为，当时如果邦夫下定决心参加都知事选举的话，和邦夫一脉相承的青岛幸男就不会出马，邦夫当选都知事的可能性极大。也就是说，如果邦夫再多些决断力，他就能当上忙于灰色收入的国政、行政官，更早地让其潜能开花结果了。这真让人叹息不止。

所谓决断，意思就是不作无谓的逡巡。进一步说，它不是浅虑，而是根据情报作正确的分析和决定后才产生的构思，也就是必须勾勒出将来的战略。

在这一点上，田中角荣的决断能力是超群的。是或不是，左或右，前进或停止，这些都是瞬间所作的判断。当然，这一判断需要事前准备下充足的材料。无论多么麻烦的请愿，他都能在瞬间做出回答，是接受还是不接受。一旦田中接受下来了，那预算肯定是百分之百通过。在政治斗争中如果是胜算在握就毫不犹豫地前进，如果取胜的可能性不大就姑且引退。即使是在提名他人参加竞选时也会在瞬间判断出能否获胜，如果认定可能取胜就会尽全力支援，并确保那人取得胜利。

下面就是一个好例子。昭和40年（1965年），田中任大藏大臣时，针对山一证券倒闭危机做出了风驰电掣般的"日银特融"①启动决定。由于当时顾客中个人投资家持有60%的股份，如果山一破产了，就会导致极大的金融恐慌。作为藏相，能否做出决定提供日银特融，可以说事关重大。最后，田中力排日银和山一主要银行的反对意见，毅然启动了特别融资。这就是在山一除特融以外再无重建之路而打起白旗的那天晚上所做的决断。如按惯例，单是

---

①日银特融：日本银行特别融资，一般不对普通企业融资。

政府、自民党或大藏省等的手续就要花很多时间。但是，田中明白事态的重大性，自己迅速判断，果敢地做出了决定。结果，第二天早晨，各大报纸都以大标题报道了这一新闻，投资家的不安心理因而得以缓和，挤兑风潮一下子平静下来，没有带来金融风波。

田中经常这么说：

"在田中派的会议上，我也是最后投自己决断性的一票。随后把这问题搁置数日，其间如果没有异议的话就那么决定了。肯定是不会有异议的，这是理所当然的，是一个领导所应有的决断和见识吧。

"画设计图时，我一开始就用实线。据说以前的名人在为他人题字时，面对木制招牌，都是一口气写完字，如果底下还有空余，就把它锯掉。我的决断和构思也是那样。"

田中还有这样的名言："先说结论，然后再说理由，只许讲三条。""吃饭不快的人是不会让人满意的。"不用说，前一句话的意思是如果不能先陈述结论的话，说明他还未胸有成竹，后一句话中的"吃饭快"也是跟决断的快慢息息相关的。

还有位名叫横路孝弘的人物，他是鸠山邦夫所属民主党的总务会长。他在平成11年9月下旬的党代表选举中出马，也和邦夫一样虽富于潜能却有点缺乏决断力，最终未能如愿开花结果。横路在旧社会党时代长期被誉为"希望"，之后他立志向自由主义新党转变。但是，虽然参加了鸠山兄弟创立的民主党，却并非是自己率先举旗的，而是建党后给他备好了座椅，连连说着"请吧、请吧"才把他招进去的。他不会自主决断，不是一个能胸有成竹地画设计图并挥汗如雨建房屋框架的人。

在那之后，横路立志于组建旧社会党出身者的集团，到今天已拥有民主党内四分之一强的势力。可以说他的初衷是为了确保旧社会党出身者在党内的主导权。但是，一旦揭竿而起后，鸠山由纪夫、羽田孜等许多保守、中庸议员参加进来，大大偏离了当初的宗旨，这个集团的目的何在已不得而知了。

从前"日经联"（日本经营者团体联盟）有一位会长叫铃木永二，他以硬汉子而著称。

这位铃木经常这样讲述作为领导所应具备的条件：

"所谓领导，说的是集历史观、伦理观、正义感三位于一体的人。进一步说，只会使用战术（眼前的东西）的人不是领导，只不过是个老板；领导除此之外，还必须有战略（有中长期眼光的构想力）。"

总之，一流领导才是"领导"，二流领导只是"老板"。

领导不能感觉迟钝

"投机"一词本是经济用语，指的是预测到行情的变动，进行交易来谋求利益。可以说它就是一种变相的赌博。

也有人坚决拒绝这种"投机式"经营,他就是前面提过的西武铁路集团的统帅堤义明。

堤义明曾经果敢地撤掉了热门的保龄球业和以土地购买为主的不动产部门。

说起保龄球,在昭和47年(1972年)迎来了巅峰时期,可以说这原本还是西武铁路集团引发的。巅峰时期,中山津子、须田开代子等女职业球员的人气也起了作用,促使西武成为同行第一强,在全国拥有35处球馆,1260道球道。

然而堤义明为什么在最热门时期却推出了撤退计划呢?一方面,"热门是不会持久的,不能错失抽身之机",创始人堤康次郎的这句话已铭刻在堤义明心里了。更主要的是堤义明凭借康次郎遗传的敏锐直觉,意识到保龄球业已经走到尽头了。

这种预见是很关键的,西武刚一开始撤退作业,全国的保龄球业便纷纷出现倒闭的现象,西武幸免此难。

再有,昭和40年入秋起田中(角荣)内阁成立后,地产业开始加速发展,此时从不动产业撤军当然受到所有董事的反对。为什么呢?因为土地即不动产是西武铁路集团的"本行",而且它的收益也特别高。田中内阁成立后地价高升,为什么此时却要撤退呢?董事们不得其解。但是,这回也是堤义明的"直觉"得胜了。

后来堤讲了两点理由:

"我认为这次的土地投机热不是因为列岛改造,而是由于碰巧资金过剩引起的。于是商人纷纷抢购，引起了土地投机。供需之差产生的价格和投机产生出来的价格是不一样的。投机一旦开始，对我来说那就已经不是一项实业了。也就是说，投机倒把开始了，我就抽身不干了。

"所谓实业并非赌博、投机，从热门保龄球业的抽身也一样。喜欢赌博的经营者对自己的工作是不会认真的。为胜负而劳神费心，这早已不是什么工作了。我不赞成经营者或领导人染指投机。"

从以上堤义明的两个撤退事例可以看出，他确实靠的是自己的"直觉"。但是，光靠"直觉"事业就会获得成功，世上根本没有这么好的事。

我想起跟堤义明关系很好的经济记者曾说过这样的话：

"'别插手投机，要磨炼你作为经营者的直觉。'这句话他父亲康次郎反反复复对他说过许多遍。不用说，堤义明无论做什么事都要做事前调查。说起来，他靠的是相当多的计算，除了过去的统计、历史之外，还要跟新情报搏斗。最后，靠磨炼到家的'直觉'来下决断，同时作为实业家幸免于难。这跟田中角荣的手法很相似。"

在政界的权力抗争中常胜不败的田中角荣，其手法说起来也跟堤义明如出一辙，那就是绝对不只打全力以赴的中央突破战。

田中一旦有事，常参照过去的统计、历史，在此基础上，分析从遍布各地的"天线"那里传来的第一手情报,只有在胜算大的时候才前进。而且不管事态进展如何,都要准备"第二方案"、"第三方案",以防全盘皆输。并且,以"胜负要到最后分"为宗旨。命运是叵测的,但他仍然坚信在最后一局的后半段两死满垒的情况下,还是会有可能出现一个关键的本垒打,跑垒员全数安全回垒大获全胜。

另外,他也像堤义明那样很重视"直觉"。

最好的例子就是对昭和 54 年(1979 年)11 月的"自民党四十日抗争"走势的超群把握。"自民党四十日抗争"指的是大平正芳、田中角荣联合与福田赳夫、三木武夫联合的激烈的权力争夺战。"三福"(三木、福田)打算把当时的首相大平正芳拉下马,同时再削弱田中角荣的影响力。

那时,大平首相正欲改造人事。大平正芳是以沉着著称的政治家,但很难说他的预见力卓越。田中角荣对此悉知,就在战前给大平正芳打了这么一个电话:

"不要错过重点,最重要的是要重视国会。党内人事方面的国对(国会对策委员会)和议运(议院运营委员会)绝对不能交给非主流派(三木武夫、福田赳夫两派)。这是我长年的'直觉',不是在敷衍。"

大平按田中所说的委派金丸信为国对委员长、龟冈高夫为议运委员长。这两位在深知国会运营内幕的人才济济的田中派内都是数一数二的谋士。

田中角荣的"重视国会"的直觉,在大约六个月后应验了。

第二年(昭和55年)5月16日的众院全体大会上,这场"自民党抗争"再次爆发,"三福"两派对社会党提出的大平内阁不信任案表示了附和的意思,后来又转而迟疑起来。福田派和三木派都跑到议运委员长龟冈那里,申请"能不能让我们先休息一下呢?""能不能根据国会法第105条办理延会手续呢?"在最后关头,他们都在对社会党提出的不信任案表示赞同这一前所未闻的事件上退缩不前了。他们这是害怕将来会招致以媒体为中心的公众批判。

"三福"的那些话通过龟冈高夫传到了田中角荣的耳朵里。田中不屑一顾地说:"别理他们,让不信任案通过就是了。"

由于田中早已把国对、议运的委员长掌握在手中了,所以他心中对将来事态的发展早已经有了妙算。

事情是这样的,过不了多久"三福"两派很有可能会下决心"造反",对不信任案表示赞同,那样的话就可以解散国会进行大选。到那时最重要的就是"大角"两派在国会运营里无论如何也不放弃主导权。不论在选举中胜败如何,都不应放弃此后的主导权。抓住这一态势,以后就不会成问题了。

结果是,因不信任案成立,大平正芳选择了解散国会进行大选之路。一方面由于大平在选举中因病突然去世,另外加上自民

党当时打出的众参同日选举策略也奏效了，他们终于取得了决定性胜利。①

眼看就到了影响力受损的危险边缘，田中角荣获得了喘息之机；"三福"两派因其"造反"已成事实，不得不重新默许田中的主导权。可以说投机或迟钝都是与经营者或领导者身份不相称的，因为好多时候都要求他们在行动的过程中靠"直觉"来把握事物的发展趋势。

做一个善于批评的名人

平成11年职业棒球赛开赛前，我在电视中看到了巨人队领队长岛的采访，他的一番话让我深感到此人不适合当领队。

他在评价选拔赛中名列第一而入主巨人队的上原投手在公开赛中的表现时，这么答记者问："今年中央和太平洋两个棒球联盟的新人王非本队的上原和西武的松坂莫属了。"这话本身倒也没什么，但如果出自一个领导或领队之口的话，那确实让我吃惊不小。

为什么这么说呢？因为巨人队中还有在同一选拔赛中以第二

---

①大平的逝世使得选民对自民党产生同情之心。

名人选的二冈这位"川相二世"内场手,二线投手中也有有望获得新人王资格的年轻投手。这些投手做梦都想进入第一梯队,平时不辞辛苦满身汗水满身泥巴地为今年拼命。他们都劲头十足,如果有机会的话都想夺取新人王呢。你想,在开战之际领队却说什么"中央棒球联盟的新人王非上原莫属了"。二冈自不必说了,二线干劲十足的队员,又会怎么想呢?对于这批部下的心理,长岛全然没能明白。长岛的确是位有名的投手,但他不适合当管理一个组织的领导。

如果表扬得好,部下就会有干劲;要是对一个部下表扬方式不对,这就好像箱子中一个橘子开始腐烂,会迅速传给别的橘子,最终整个箱里的橘子都会腐烂。因而,表扬是件很难的事。

批评其实要比这更难。当然"批评"和"发怒"有着根本的区别。"发怒"本来是与私愤相关的,而"批评"必须有"教育"这一公共性含义。也就是说,批评方式的好坏,或者让部下充满干劲,或者反过来使他们完全泄气。在此意义上,可以说高明的表扬和批评是同义语。只有掌握了高明的表扬、批评方法,才能在领导岗位上坐稳。

政界、经济界"批评能手"的典型是原副首相后藤田正晴和松下电器的创始人松下幸之助。他俩的共同点是批评后的善后工作做得好。

后藤田从警察厅长官职位退休后,在田中角荣出任首相后又

被提拔为内阁官房副长官,后来又戴上了议员的徽章。他做事干净利落,如快刀斩乱麻,这是有口皆碑的,但他也是一个炮筒子。

据说他在警察厅任职时就无所顾忌地大肆进行严厉的批评,进入政界后也给工作人员吃了不少炮弹。据传在其任长官、次长、局长时,部下中几乎没有没被他骂过的。特别是对那些在工作中有失职、失态行为的尤为严厉。但是,斥责时他说的话都一一在理,被骂的人还能听得下去。他还有个特点就是骂过之后不会再喋喋不休。一个资深政治记者曾说过:"后藤田绝不会阴阳怪气地说话,许是骂过后自己也发泄够了吧,脸色会一下子变温和起来,部下中绝对没有人会恨他的。"

还有一个人就是松下幸之助。

松下自己也说:"在松下电器以往的发展史上,我记得有过自己都觉得很粗暴的批评方式。"真是个没人敢碰的"硬骨头",甚至可以这么说,在幸之助退居二线前,松下电器总公司自不待言,集团相关企业的社长级人物也没有人没受过他的斥责:

"什么时候轮到你张狂了,我才是头儿!""你真是那么想的?从今天起你是头儿了?""你简直就是专门来骗工资的,全给我还回来!""你交份辞职报告来!"还有,"你给我去监狱吧!"诸如此类的"名言"多的是。他经常在众人面前点着名骂人,气得脸上青筋一根根跳起,被骂的人也很受不了。

但是,在此提醒大家注意的是,跟前面提过的后藤田一样,被

训的人绝不会对幸之助感到反感。

后藤田在训完人后脸色会一下子温和起来，幸之助也有这样的续曲。

训完后的第二天早晨，幸之助经常会直接给被训过的人打电话。"怎么样，今天能心情愉快地干活了吧？""昨天那事怎么样了？"等等，但绝不会絮叨个没完，只是好像啥事也没发生过似的打个简短的电话。接电话的人一瞬间会惊疑"这是不是又要接着昨天……"，紧接着会发现昨天的事情已经结束了，不由得会觉得老板说得也有一番道理，自己要不努力的话可就……

幸之助有这样的语录：

"谁都讨厌被批评，但是，如果你诚心诚意地批评的话，总能说中对方心事的。只是你不能因为考虑到自己的得失而训，必须发自内心地为那人着想，引导他。表扬人很容易，但批评人是相当难的。释迦牟尼说过，'表扬你就是让你下地狱'，我觉得这句话值得好好玩味。要是人家过分表扬你，那可不是件好事。"

据说，正如最近当爸爸的不大训孩子一样，不批评部下的上司也增多起来。从某种意义上讲，这是对孩子、对部下缺乏自信、爱心和勇气的表现，关键是要诚心诚意地训斥。

记得二宫尊德在歌中这样教导人："爱他的话，就五教三夸二训斥，让他成才吧。"虽然时代改变了，但这还是道出了人才培养的关键之所在。

天赋的领导能力

古今中外，领导能力大体分为两种类型。

一种是欧美较多见的"力量型领导能力"，另一种可以说是日本式的"和式领导能力"。前者可以说是"父亲式"的，是一种上对下发布号令的"top down"方式；与此相反，后者是"母亲式"的，它尽量尊重下面反馈上来的意见，最后在听取吸收这些意见后再作决定，是"bottom up"方式。

顺便说一下，与领导能力相对，还有个追随能力问题。

日本人很擅长跟领导保持步调一致，但一旦站到领导位置上，一般来说却很难管理好部下。可以说，不擅长站在人群前头发号施令是历史遗留下来的问题。

作为领导的典型，有"charisma（神赋）"领导、"怪物"领导等，事实上这两类领导多见于欧美，在日本并不多见。"charisma"一词是希腊语，意为"神赐之物"，指的是极其英雄式的、超人的资质。具有这种资质的人和被其所吸引的人之间的关系，马克思·韦伯（德国社会学家）将其称之为"charisma 式统治"，把它作为发挥领导能力的一个类型。顺便说一下，所谓"怪物"，按以前以尖刻评论著称的大宅壮一的定义，指的是"行动半径大且复杂，性格多元化，不光会哄骗他人，还有能力哄骗自己，从生物学角度来看，对于一定的外界刺激,表现出出人意料反应的人"。

那么,在现今日本的社会状况下,"力量型领导能力"和"和式领导能力"哪一个更合适呢?这不能一概而论。

比如,在历任首相中,中曾根康弘属于"力量型领导能力",在日本很罕见。而"和式领导能力"则包括佐藤荣作、竹下登及现在的小渊惠三等,有很多人可归于此类。后者有一大特征,就是重视还在坚持阴郁的"村落社会"的日本式人际关系。比如,就像家庭内部重视长幼有序是生活的基本一样,组织内不管有什么异议都会尽量说服,以达成协议为宗旨,正儿八经是母性型的。而作为前者典型的中曾根对"是与否"就区分得很清楚,这很明显与母性型所持的优柔寡断大不相同。

如果把他们比做企业的领导人的话,可以说佐藤、竹下、小渊是那种事先压低利益目标,结果只要超过这个目标数一点儿就很满足的一类人。而中曾根则是把目标定得高高的,在公司内加油鼓劲计算"出成率"的一类。

原副首相后藤田正晴曾先后在官房长官等重要位置上为执政长达5年的中曾根内阁服务,通过对中曾根和竹下的比较,他这样描述这两种不同的领导能力:

中曾根的做法是首先会准确抓住当时不得不处理的国民性问题,在获得舆论的理解和支持后再着手工作。作战也采取像仙鹤一样挺胸展翅堂堂正正从正面突破的做法。但

是，不知为何，很多地方都不能善始善终。因此，当终于进入实质性阶段时，到处都有反对的敌人出现，这一点不太妙。

  反过来再看一下竹下的行事方式。对于实际发生的问题，他在不知不觉中就处理完毕的能力是别人望尘莫及的。竹下所做的事前准备以及对反对方的说服是很彻底的，所以，竹下处理现实问题的手法是很巧妙的。如果说政治是对立的个人或集团间的协调工作，那么像竹下这么胜任的人恐怕很少吧。只是有一点，听竹下谈话，让人感到他见识不高。因此，把中曾根和竹下加起来再被二除就最好了。（《何为政治》）

认为"中曾根和竹下相加后再被二除最好"的后藤田，把视线投向了原首相田中角荣这位为政治彻底献身且长期保持令人惊异的领导权力的领导。他这样写道：

  首先，田中下判断非常迅速。他往往刚一听完请愿，就判断出有没有可能同意，然后把结论告诉对方；并且，一旦他说明白了并答应下来就一定会如人所愿。这不仅在于他判断迅速，还在于他实践能力强。田中是一位罕见的能力超凡的政治家。也有人说他是个天才，不过天才这个词不适合修饰政治家，所以说成能力超凡也许更好吧。我觉得他是个了不起的人。（《政治和官僚》）

后藤田在此对田中角荣这位政治家的评价是，他是位超越了

"力量型领导能力"的天才,是"charisma 式的人物"。

是不是说无论谁都能成为田中这样的"charisma"呢?这话本来不能这么说,不过,可以说还是有能力接近这个目标的。

只是他需要通过下述的辛勤努力才能获得。

人类社会生活就是场"心理战争"。对手内心稍一放松,你是否就能看出来呢?对事物能否从多角度观察呢?如果不能,构思当然就不可能超群。是不是对任何事都能够全力拼搏、且诚心诚意地处理呢?世间充满了冠冕堂皇的原则性理论,你是否能从那里汲取营养,同时真心处理问题呢?能否果断地判断是该给部下"糖果"还是"鞭子"呢?自己是不是有营造气氛的天资呢?能否获得第一手的情报呢?这些统统都是必要条件。

可以说,田中的"charisma 式领导能力"就是以此为基础的。

"心有所图者"不能做继承人

"进时委于别人,退时自己决定。"说这句话的是越后长冈藩有名的管家河井继之助。

对于一个领导来说,最难的莫过于去留进退的决定。还有前进的余地,就说明还有一定的势力,这种情况下顺应众人的呼声可能会让事态平滑过渡。但是,要说后退,那就必须跟自己的野心

战斗了,最终连自己也迷惑起来,再在这个位子上多留一会儿,或许就会把工作干好吧。后果是最终失去了后退的最好时机,以往的功劳、实际业绩也被造谣、嘲笑冲得无影无踪,不得不灰溜溜地退出。这样的例子也不少。"退"的姿态可以表现出某个人的全部"本质",这么说绝不为过。

要说政治家和实业家谁对"退"更擅长——当然有很多不那么体面的例子——在这一点上,实业家占了上风。政治家特别是坐上首相位子的人物大多错过了"退"的最佳时机,直到大小石头砸过来了才离位。在乾坤一掷的权力之争中惨败不堪,或是正在计算最佳时机时被人下了绊子,这样的例子有很多。另外,虽说自己也表明要从这个位子上下来,实际上还恋恋不舍,为今后保持影响力而煞费苦心。战后到小渊惠三期间共25位首相,其中又有几位不属于这一类呢?他们很清楚在那个"最高权力宝座"上坐着是何等的惬意,何等的美妙。要战胜人类本性中最弱的部分是如此的难呀,在这一点上,田中角荣也并不例外。

但是,其中也不乏了不起的人物,先前提过的在田中角荣请求下,由警察厅长官进入政界的后藤田正晴就是一个。这个人的"退"常常是相当干净利落的。

昭和47年(1972年)6月22日,时任警察厅长官的后藤田正晴自己突然发表辞呈,并同时提出接任人是高桥干夫(当时的警察厅次长)。之所以说他退得干净利落,是因为他为了避免后继人事的混乱，按照既定路线，提出了高桥的名字，明确了接班人，而且还在发表辞呈后接受记者采访时这么说道："我觉得进退由自己决定就可以了，所以没跟任何人商量，也根本没打算接受任何指示。关于今天辞职这回事跟高桥一个字儿都没提，辞职时间也选择了自民党大选难以预测的今天。"这表明了自己的"退"避开了各种形势的左右。

当时首相佐藤荣作（自民党总裁）事实上已定下来要退位，田中角荣和福田赳夫激烈的总裁继任战早已开始了。如果到了总裁选举形势变得明朗的阶段，警察厅高层人事的动向当然会受政治动向影响。后藤田也是为了避开这些噪声，才把那天定为发表辞呈的日子。回过头来看看其他的人事决定，如此高洁的可以说前所未有。

在村山（富市）内阁末期，自民党内及媒体中要后藤田出任首相的呼声很高，那时他却坚辞道："首相天生要有'玉质'，我不是那块材料。"这次对"进"的决定也没搞错。

在实业家中也有"退"得干净利落的。

比如松下幸之助。自己有了辞职的想法后，就分别跟17位常务以上的董事一一交谈，陈述了自己的想法，同时也听取了董事们的看法。在此基础上，松下判断松下电器在自己离任后还有董事们的团结一致，还能干下去，就公开宣布自己离开第一线。再有，堤义明早在十几年前谈及西武铁路集团的继任领导时就说过："为了防止头儿万一发生什么事，包括相关公司在内的所有人

事都由我亲自来安排。在接班人问题上摇摆不定的企业怎么能够有生机呢？"让人感觉他的确充满自信。

　　做出决断辞去日本兴业银行董事长之职，出任会长的中山素平的"退"也让人津津乐道。当时兴业银行的董事会、OB（前辈）、周围的政经界人士无不激烈反对，但是中山素平却说："我已经60岁了，前后已干了7年董事长了。我费了两年时间来说服满心不情愿的正宗猪早夫，终于使他同意当接班人，所以决定就此引退。"他断然辞去了董事长之职。中山素平遵从了孔子的"耳顺"之说，在过了60岁这个坎儿后，知道了自己的局限性，早已不是自己一个人说了算的时候了。

　　而"退"就必然带来接班人的问题。如果置之不顾就"拜拜"了的话，"退"得再磊落，也只不过是成功了一半。领导者应该把将来托给什么样的人呢？

　　原"经团联"（经济团体联合会，负责归纳经济界意见、向政府和国会提交建议）会长土光敏夫说得很确切：

　　"最高领导的作用很重要，不明此意怎么能了解那些狂妄叫喊着想当社长的人的心思？让那些想当社长想得不得了的家伙如愿，早晚会产生问题。"

　　朱子所著的讲述帝王之学的《宋名臣言行录》中曰："举人须举善退者。"进退，特别是"退"是男人为人的根本，能有此根本的人当然是接班人的最合适人选了。

世界政要御人方略　第二章

第二章

培养"协调能手"

"自民党最高战略家"的技艺

回顾近10年来的永田町(东京都千代田区的一个地区,国会大厦、首相官邸等都位于此),你会发现曾经处处可见的"战略家"已经枯竭起来。当然其中仍有相当了不得的人物,比如在现在的小渊惠三内阁中担任官房长官的野中广务。野中不愧为现任国会议员中能力最强的"协调能手"。

小渊政权成立于平成10年(1998年)7月底,当初舆论普遍认为这将是历史上寿命最短的内阁。但是,恰恰相反,它的内阁支持率在逐渐上升,哪是什么历史上寿命最短的呀,自政权成立以来早已超过了一年,而且还又实现了再次当选,有人认为它有可能成为长期政权。在这个政权运营中有一个不可缺少的人物——官房长官野中。为此,也有人把这个野中叫做"幕后的首相"。

最能显示野中"铁腕"魅力的是早在他还未当上众议员时发生的事了。那时他任京都府议员、京都副知事,正跟长达7届28年的"共产党府政"(共产党执掌京都府的行政)蜷川虎三知事彻底对峙,最终为"蜷川府政"画上了句号。这件事就足以让人了解野中的内心了。当选众议员后,他又把称为"NHK(日本放送协会)老大"而大权独揽、专横无比的会长岛桂二轰下台去了。

另外,在他的运作下,一度不得已而下野的自民党,采取了拥立社会党的村山富市任首相的奇策,成立了自民、社会、魁党三党的"自社魁政权",这样不到一年就使自民党重新掌握了政权。

再看看近两年,自民党在众院中好容易勉强过半,在参院还不到半数。在这样的困境下,野中一方面从在野党中一个个"拐"人过来,让他们参加了自民党。另一方面跟谁都惧怕三分的小泽一郎(自由党党首)对抗,不久却来了个180度大转弯,和小泽联手成立了让人大吃一惊的"自自联合"(自民党和自由党),这也给人耳目一新的感觉。

而且,他作为战略家,巧妙地阻止了当初最反对这个"自自联

合"的"YKK"(山崎拓、加藤宏一、小泉纯一郎三人名字用英文字母拼写时开头字母分别为Y、K、K)从主流派的叛离,使主流派体制得以维持。另外,又巧妙地分裂了以非主流派的龟井静香(原建设相)等为主的集团和梶山静六(原官房长官)、河野洋平(原自民党总裁)等集团,把主流派分裂的萌芽巧妙地铲除了。这一事实也不容忽视。

另外,野中还削弱了在野党第一大党——民主党营直人的势力;在金融动荡时期,恫吓大藏省以及银行的最高干部,给日本银行施加压力让其接受国债等等,技艺真是丰富多彩极了。

需要补充的是,他并没有沉湎于自己创立的"自自联合"。为了打破自民党在参院中不到半数的局面,平成11年4月的地方统一大选后,他使出三头六臂实现了新的"自自公"三党联合,致力于对公明党的"怀柔政策"。真是天不怕、地不怕。美国的《时代周刊》有关评论说他是"自民党的最高战略家",这也是可以理解的。

在评论这位野中时,自民党前干事长加藤宏一在4月的讲演中直言不讳地给了他最好的称赞:"我当了干事长,感觉最欣慰的就是能跟代理干事长野中广务这个人认识。野中是日本政治家中最具影响力的两三个人之一。"

分析一下这位野中广务的"战略",会发现以下四大特征:

第一,处理事务时,他经常是舍身、无欲的。他对职位、官衔根本不感兴趣,首相之位自不必说了,而且处理问题时头脑中从没有想过图什么报酬。因为他没有什么怕失去的,所以很令对手恐慌。而且,其作战方法常以"分裂活动"和"对丑闻的追查"为主,这会使对手的意图、方针陷入停滞的状态。

第二,正如人们所说的那样,他是"政界头号吵架能手"。在吵架时其基本做法是绝对不去挑战比自己地位低的人,而是把比自己高的人当成对手。

第三,巧妙利用语言。他的发言干脆利落,并常以此改变或打开局面。他并不是先做个蹩脚的外交式发言来察言观色,而是以开门见山的发言吸引周围人的耳朵,提示事情发展的方向在此,众说纷纭就会渐渐往一个方向汇聚。

第四,也是最重要的,他是个情报通。前面的三条都是以这一条为后盾的,他充分证明了没有一个战略家不需要一级情报。

这就是野中广务之所以六次当选以及他本来是自民党中层干部,但却被人叫做"幕后的首相"的原因之所在。他第一次当选是在田中角荣内阁任内阁官房副长官,其后依次担任了自治大臣、北海道和冲绳开发厅长官、行政管理厅长官、总务厅长官、官房长官、法务大臣、副首相等,受到了历任内阁的重用。后藤田正晴有时也被视为"幕后的首相",野中是那以来"战略家"的再次抬头。

这4年多来,野中广务经常处于政局中枢位置,是一位"常胜

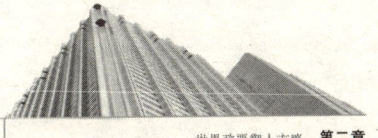

政治家"。我们将在后面对他的具体事例进行验证、分析,那是绝对值得"偷学"的。

▍"舍身、无欲"的战术

如果有欲望的话,是不可能像我这样具体点着大藏省某某人的名字进行谴责的。因为要是那样的话,肯定会沾满溅回的血。(《AERA》平成10年3月2日号)

我经常把"舍身"一词挂在嘴边,政治家有卫国的使命。"使命"意思就是"使用生命",我就使用生命。更进一步说,我一直认为政治家应该舍命卫国,政治家的头号工作就是出于自己的责任来进行决断。(《周刊现代》平成10年10月3日号)

因为有欲,就不能畅所欲言、维护真理。其他议员害怕小泽(一郎)也是因为害怕报复。但是,说是报复,无非就是当不了政治家了。只要你有这么点心理准备,就至少能够跟对方同归于尽吧。(野中广务《我战斗》)

野中广务如此强大的秘密之一就在于他的"舍身、无欲"。

"我没有当首相的野心。""如果再年轻5岁、10岁的话……"

正如他曾经对左右透露过的那样，既然现在已经是自民党实力人物了，他当然不会不心仪首相、总裁的位置，只是已年届73岁了。由于他并非从年轻时起就一直以那个位子为目标，所以今天的野中已失去了染指的兴趣，早已断了那个念头。所以他才能"舍身、无欲"，才能无所畏惧。

野中是在任京都府副知事时，在昭和58年（1983年）的旧京都二区的众院补选中初次当选的，从此踏上了通往中央政界的道路。当时，在中曾根（康弘）的政权下，田中角荣虽身处洛克希德案一审审理中，却以"幕后的将军"之名掌握着中曾根政权。当选后的野中加入了当时的田中派。

他和田中是老相识了。在他进入府议会之前做京都园部町町长时，田中不满"蜷川府政"，前去京都视察，在那儿两人初次相遇。田中好像很欣赏年纪轻轻就孤军奋战，对蜷川知事张牙舞爪、气势汹汹的野中的胆量。在补选时，田中派全力支持使其当选。野中为何会加入田中派呢？总结野中以往的发言，其原因大体如下："田中对于京都的补助金、国家事务等等很关心，虽然那些对他本人并没有任何好处，但他却热情地做这做那。我有事求他时，也从不只是口头答应下来，都是马上处理，并且自己亲自告诉我结果如何。田中对我有大恩，我是为了报恩才加入作为政治之源的田中派，把他的政治力引入京都的。"

对于有着长期地方政治经历的野中来说，他是切身明白了田

中的政治手法、"田中风格"的意义之所在。

加入田中派后，野中成为日后的自民党副总裁、副首相金丸信的亲信。他称呼金丸信为"老爷子"。

对于野中来说，胸怀宽广、稍具"炮弹"气质但仍不失为战略家的这位金丸信对他的影响是不可磨灭的。

有时他还陪麻将迷金丸玩两圈。金丸一边玩牌，一边对政局及各政治家发表金丸式评论。目光敏锐、观察力强的野中在此期间，偷学了金丸信的所有才能。被金丸信评价过的政治家有梶山静六、小泽一郎等。另外，虽然现在野中已滴酒不沾，但当时他经常陪金丸信喝酒，知道了"金丸式"手法是极其重视人际关系的。

不久，金丸信的"盟友"竹下登当上了首相、总裁，身为其左膀右臂之一的金丸的政治能力因此抬头了，野中自学了他的政治能力。金丸政治能力的源泉也偏重于"舍身、无欲"，对头儿的位置没有谋取之心。

其后不久，田中派被竹下派取代后的平成4年（1992年）底，金丸信因为不正当捐款事件垮台。正值整顿局势时，竹下派的小泽一郎等脱离本派，分裂了自民党，成立了新生党。野中从幕后走出来站到政治舞台上的时机来到了。

众所周知，那时起野中就跟这位小泽彻底对垒了。"小泽所说的政治改革是权宜之计。""我越发感到不能把政治拜托给这个人。"这些言论更证明了这一点。

形势突变，自民党在前一年夏天的参院选举中惨败，桥本龙太郎首相（总裁）下野，小渊惠三内阁诞生后，野中"拜倒在地"，与小泽握手言和，促进了自民党和自由党的"自自联合"的成立。

野中为什么能如此骤变呢？在平成11年7月的众院预算委员会上，民主党的副代表石井一还追究他是"变节分子"。此时我们对于野中的"舍身、无欲"以及他那"国家优先、公利优先"的一贯姿态可见一斑了。

野中在"自自联合"成立后，发表了下列讲话：

"我拜倒在地目的是为了削弱小渊首相的势力，我的牺牲能使将来有望那就足够了。"

由此很容易就可以看出他那"舍身"的姿态。

野中的"无欲"还表现在，政界许多实力人物在永田町附近都有私人事务所，而他却没有。野中仍像一个小兵那样在东京的事务所仅有议员会馆一处。

以上就是野中虽然"骤变"但仍坚强的理由之所在。

小泽一郎神话、竹下登神话的产生，是因为他们绝不多谈，而且他们正在忙些什么别人也不知道。金丸、野中他们的行动却是有目共睹。然而，周围也开始想："要是背地里有别的企图的话……"而且，如果真有其事，那继续前进的话，金丸、野中神话也就又会产生了。（《Intellegence》平成11年4月号）

以上是关注时事的政治部记者的"野中观"。

争斗不找身份低的对手

最应去掉的官厅是大藏省。这是我的一贯主张。(《朝日新闻》平成6年7月12日号)

渡边恒雄(读卖新闻社社长)那种人,我能跟他一般见识吗?他把政治当消遣。(《周刊现代》平成10年9月12日号)

(对于原首相中曾根康弘)长寿固然重要,但如果不让他去想一想作为人的立场,怎么能培养年轻人呢?(野中广务《我战斗》)

研究一下野中广务对这些人带有挑衅性的言论或行动,就会发现其中有一个极为明显的特征。

野中的斗争方式是向职务、官衔绝对在自己之上的人或者绝对的权力以及组织挑战。也就是说,野中斗争时,不找地位低的,而经常把地位比自己高的人当做对手,可以说他是因为胆量大才得以崭露头角的。一个人无论多少次、多么出色地战胜过比自己地位低的人,周围的人都绝不会注目的,因为这成为不了你崭露头角的资本。

他的斗争方式有一个明显的特征,就是使用分裂对立党派的势力和追查丑闻这两大战术。

下面举两个事例来说明,一次是击溃京都的"蜷川府政",另一次是跟小泽一郎长达6年的"死战"。

"蜷川府政"是这么一回事:

野中广务在任京都府议员时代,彻底追查了给予"蜷川府政"以极大影响的府职劳(京都府职员工会)等工会的"暗中兼职"问题。所谓的"暗中兼职"指的是一方面任京都府的职员、教员等,从京都府领取工资,另一方面却从事工会活动。这是在追查丑闻。

不久,"蜷川府政"势力变弱,在昭和53年(1978年)的京都府知事选举中自民党拥立参院议员林田悠纪夫,从长达7届28年的"共产党府政"手中夺回大权。野中应这位林田的请求,就任副知事,这次又发挥其人事权力,策划了工会分裂,通过分裂敌方达到削弱对方势力的目的。

就这样"蜷川府政"被击得体无完肤,野中确定了他在京都的地位,从那时起人们才知道京都有个野中。可以说,野中的斗争方式中攻守之关键是在京都时代形成的。

在同小泽一郎的"死战"中,野中也没有改变他的这一战术。

在田中派向竹下派演变的过程中,本来小泽和野中的关系并

不坏,或者说对于常谈"政治改革"又富于决断力的小泽,野中一直很赏识。曾有一段时期野中很看中小泽,说是"他会在不久的将来成为首相候选人"。

但是,金丸信的不正当捐款事件后,平成4年夏,野中对小泽的评价来了个180度大转变。小泽在同年年底,同渡部恒三等一起与竹下派分裂,也同自民党分裂,开始为建立"非自民政权"奔走。

下面这段答记者问的话让人想起当时野中对小泽那180度大转变的评价。根据3年前出版的岩见隆夫著的《永田町的官员们》一书中所引"(主要敌人)还是大藏省,或许也可以说是'官'吧。再有就是小泽(一郎)这位政治家。""(小泽身上)言与行自相矛盾的地方太多了。""(回答'是不是绝对不会跟小泽集团搞联合'的问话时)我一直这么认为。"回答得很是斩钉截铁。

今天得已揣测出下定决心拜倒在地跟小泽、自由党联合的野中的内心,真是很有意义。

这位小泽在平成5年(1993年)夏分裂了自民党,成立了新生党,推出细川(护熙)联合内阁把自民党赶下野去。

当时,野中蔑视着被这一打击击垮的自民党的各位,孤军奋战,出面击溃小泽拼命支持的细川政权。

在此采取的战术仍是追查丑闻和分裂对方势力。

丑闻指的是与细川首相有关的东京佐川快递捐款问题,最后,细川首相因解释不清于平成6年(1994年)4月不得已内阁全体辞职。

另一方面,野中广务又着手分裂联合政权。在接任细川的羽田(孜)内阁期间,运作了当时的社会党的叛离,平成6年6月,以拥立该党委员长村山富市担任首相这一惊人的奇策组成了自民党、社会党、新党魁党的"自社魁"三党联合政权。由于野中如此"活跃"的奋斗,自民党被迫下野后不满一年就又得已重掌政权。

那之后,野中又强迫被认为跟小泽关系密切的当时的大藏省事务次长齐藤次郎辞职,毫不放松地削弱小泽对省厅的影响力。为了确保自民党在众院中过半数的席位,又策划了让新进党党首的小泽恢复自民党党籍的逐一瓦解议员的计划,为削减小泽的影响力而奋斗不止。

最后,自民党和以小泽为党首的自由党之间成立了"自自联合"。

一位政治专栏记者这样说:"'自自联合'是以野中对小泽'拜倒在地'为条件才成立的。事实上,它可以说是在发现小泽自由党充满闭塞感而无处可去的状况下所采用的'正合时机'的战术。结果,满腹苦衷的小泽万不得已才跟野中采取了一致的步调。"

可以说这就是野中该出手时就出手的惊人的斗争方式。

用"大胆的发言"改变局面的方法

野中广务作为一名战略家,他的另一个战术是充分发挥"语言"的威力。

用大胆的发言让周围的人耳目一新,为他们指引出前进的方向。另外,为了打破僵局,在人们面对时局不知该如何转变方向的时候,他又会发挥其大胆发言的威力。

仔细看一下野中这些语言的威力,你会发现,他不是先做个外交式发言看看别人反应如何,而是开门见山地"制定目标"。

例如:

桥本龙太郎首相(当时)满怀热情推动的"财政机制改革法"(财革法)制定于平成9年(1997年)11月。桥本首相的想法是,眼前的经济对策当然也很重要,不过应该首先对处于破产状况的财政进行结构重整,在此基础上再考虑真正的经济对策。

但是,另一方面也不能忽视同不断恶化的经济间的整合性。当时,支持桥本政权的自民党干事长加藤宏一、政调会长山崎拓尽管对此也清楚,但是,如果瞎表态的话,就很容易导致政治责任问题,所以都缄口不言。由此则从反执行派那里传来了连连不断的指责声:"这样的话日本经济就完蛋了。"

当时任代理干事长的野中广务，一面支持着桥本首相，一面也对这样拘泥于"财革法"的做法深感不安。他担心这样凑合下去经济会更加恶化，最终容易招致桥本内阁的垮台。

"财革法"制定后没过几天，野中借演讲之机，这样说道：

"被（财革法）这一法律束缚住，让人不由得要断言日本会因经济而灭亡。有时候，我们是否也有必要考虑一下大胆地改变政策。"

再有，在转过年后的1月底，还是借演讲之机，野中这次谈得更具体了。

"我一直想（由政府、自民党提议）做个6亿日元款项的经济对策方案。"

野中的上述发言首先是为处于闭塞状况的自民党打开了"缺口"。尽管深感其必要性，却害怕负起政策转换这一责任的桥本首相、加藤干事长、山崎政调会长等执行派人士听了野中的这一发言，都松了一口气。同时，这个发言也顺了力主转换政策的反执行派的人心。

低迷的市场也对自民党内这一气氛做出了微妙的反应。

这样，未来的趋势定下来了，可以说野中的发言敏锐地捕捉到了舆论的动向。以此为契机，政府、自民党改变了路线，开始优先考虑制定经济对策，大力推行紧急经济对策、减税这些可谓粗线条的经济对策，这已是人尽皆知的了。但是，也有人批评说不应

该把那个十万火急的财政机制改革命题完全抛弃掉。

野中广务的"精彩表演"仍在继续。

在小渊内阁中任官房长官的野中,每天举行两次记者招待会,这个招待会也被大大利用于政权的运营上。

平成11年4月下旬,"自自联合"又向前迈进一步,成立了由自民、自由、公明三党组成的"自自公"联合,这被野中看做是维持政权的关键。所以,对于在此之前公明党提出的重新评价现行选举制度这一合作条件,野中第一次做了进一步的发言。当时,自由党强烈反对党首小泽一郎对现行选举制度的重新评价,特别是公明党恢复中选区制的主张。可以说三党合作的局面已经很难控制了。

"众院的任期肯定是到来年10月。除了看到这个之外,还有必要思考一下选举制度、选举合作的方式。在国会中,可以讨论一下这些问题。"

这一发言对公明党的主张表示出了高度的理解。

有了野中的这个发言,公明党像是吃了颗定心丸,给以前民主党呼吁的"民公"两党的选举合作交了张"白卷",事实上开始向"自自公"合作转舵了。

在长期的权力抗争中处于不败的田中角荣身边也有后藤田正晴、二阶堂进、金丸信等健将,再往前还有木村武雄、江崎真澄等。他们是田中思想的代言人,帮助打开或改变僵局,所以田中才得已长期执政界之牛耳。

用"大胆的发言"把握发展趋势,使局面发生改变。这样的人物之所以不可或缺是因为他适用于一切组织。

因为"不背叛他人"而取得的信任感

野中广务作为一名战略家,在与人打交道时他"舍身、无欲",需要斗争时一定挑比自己地位高的对手,他还运用"大胆的发言"策划局面的转换,他的"常胜"战绩绝不逊于任何人。但是还有一点我们不能忘记,那就是在这些成绩的背后都缺不了他杰出的收集情报能力。不用说,他收集情报的能力无论质还是量都是一流的。缺乏情报的人,在今天世界上的各种"战争"中是不可能取胜的。

野中今天已经确定了其"政界首屈一指的情报大王"的地位了。

"他收集情报的能力或许比以前原官房长官后藤田正晴还要强。"这句话出自在旧竹下派时代跟野中同吃一锅饭的众院副议长渡部恒三之口。就连警察厅长官出身的后藤田自己也曾惊叹过:"他的情报到底是从哪儿搞来的呀?"

那么,野中广务的那些第一手情报是从哪儿得到的呢?

一方面是因为野中曾当过自治大臣、国家公安委员长，织起了一张密密的警察关系网；另一方面，他作为官房长官，是国家危机管理负责人。

特别是官房长官的位子，总括了内阁情报调查室、内阁安全保障危机管理室、内阁内政审议室等组织，可以说对他更是一个很好的磨炼。尤其是内阁情报调查室（简称"内调"），可以说是日本式的CIA（美国中央情报局）。"内调"汇集了来自警察厅的能人，还擅长分析有关选举方面的情报。

由于野中广务手头上掌握着这样的情报，有不少人害怕，也有不少人被野中这位硬汉所吸引，为提供有关"霞关"的情报出力献策。

再就是来自记者的情报。野中那儿实际上经常聚集着不少政治专栏记者。因为他有问必答，从不撒谎，取得了媒体的信赖，这反过来也为他提供了各种各样的情报。据说野中的议员宿舍里深夜也会有来自媒体的电话，这就相当于在整个永田町都竖起了天线。他的"厉害"由此可见一斑。

在这种因素的作用下，野中对比如哪个党的某某在想什么、暗中在做什么活动等都了如指掌。

例如，在自民党和公明党的联合中，一方面让他培养的公明党干事长冬柴铁三及创价学会的负责人藤井富雄发挥东京都议会的渠道作用，另一方面，部分公明党人和创价学会的人对与自民党联合持消极态度，关于能否说服他们的情报也从各处的"天线"传导过来，野中自己就明白了其可能性有多大以及该下什么样的决断。

在家乡京都，野中广务早就被叫做"京都的田中角荣"了。确实，拥有大片情报网的"田中机关"的田中角荣是他的楷模。这揭开了野中在进入中央政界前跟那个"蜷川府政"相对抗的副知事时代构筑起来的京都府警关系网之迷，也是当地记者说他"对京都，连何处有老鼠洞都一清二楚"的原因之所在。

这样的例子简直比比皆是：

大藏省的某位高官和在野党的大人物在"祇园"秘密喝了几杯。第二天，这件事像不经意似的传到了那位高官自己的耳中，从此这位高官开始跟那位在野党的大人物保持距离。不用说这是受了野中广务的指使。

在野党的一位议员在某饭馆吃了顿饭。第二天，野中用手拍着那位议员的肩膀说道："京都还有更棒的店，下次我一定请你。"在野党的这位议员连连惊呼："京都太可怕了。"

小渊政权成立时像走钢丝一般，现在好容易才踏上安定轨道。平成11年5月的某个晚会上小渊首相致辞时说道：

"我这人只在三个人面前抬不起头来。"

他说了三个人的名字，一位是政治上的老师——原首相竹下登，另一位是夫人千鹤子，第三位就是野中官房长官。

这话我们多半可以看成是小渊的真心话。原首相竹下登和夫人千鹤子姑且不说了。人人都担心会是"历史上最短命"的小渊内阁能好不容易走到现在，可以说靠的无非是野中控制各处要塞的"腕力"。这也是他被称为"幕后的首相"的原因。

但是，重要的是，野中之所以具有这样的"腕力"，靠的就是他从不背叛别人。

约好的事就百分之百遵守；对没能力干的事，从不轻言许诺。"我自己都遵守约定，你们也得遵守。"他自己是决不会主动背叛别人的，但是，一旦被别人背叛，那关系就再也无法真正修复了。不，倒毋宁说他会毅然同背叛自己的人战斗。这可以看成是野中广务的一贯姿态，也就是说，野中广务处理人际关系时经常是很严厉的。

平常野中在随意聊天时说话应答非常柔和。然而，一旦有人背叛了他或者对他带有敌意，他就会表情为之一变，跟对手对峙："怎么回事呀！你这家伙！"表情充满震慑力。因为自己从没背叛过别人或撒过什么谎，所以这种表情才会在脸上露出来。

原首相竹下登今年1月在财界人士的晚会上这样盛赞野中广务道：

"野中这个人是绝不会背叛别人的。这样的人最值得信任，所以，他才能干得这么棒。"

只对主君说刺耳之话的高级助理

当上官房长官时,我是抱着一心一意当个助理的念头工作的。那期间我感到人还是有"差别"的,有的人高高在上让人感到很是那么回事儿,还有的人甭管能力有多强,一坐到头儿的位子上就不成样了。后一种人跟高高在上仍光芒四射的人相比,分明有天壤之别,这大概是与生俱来的资质之差吧。(《President》平成 2 年 10 月号)

后藤田正晴由警察厅长官进入政界,有任官房长官等丰富的阁僚经验,在田中角荣、中曾根康弘两届内阁中任高参、高级助理,很是能干。比如,他在两届内阁中对危机管理事务都处理得很好。他还排除了官僚机构的帮派意识,使官邸恢复了对政治的主导作用。后藤田凭借自身那卓越的搜集和分析情报的能力,在政界极尽活跃之能事。

政界曾经出现把天下(首相)托付给这位后藤田的氛围,但是他对此坚持拒绝。一方面是由于高龄的原因,更重要的是正如他先前所言,他对于"差别"相当了解,也可以说他很有自知之明。

自知之明无非是个"气量"问题。在今天,大多数国会议员都是尽管没有非凡的智力和政治才能,却倚仗权力欲霸天下,毫无

自知之明。像后藤田的这种自律方式值得人高度评价。

这位后藤田作为"协调能手"、"高级助理"的本领非常出色。只不过，虽然同为"协调能手"，他跟前面提过的野中可以说稍有差异。

"协调能手"、"高级助理"，说起来简单，但事实上有好多种类型。有军师、谋略家型的，二号人物型的，还有监护人型的。但是，他们都具备一定的条件，那就是不顾自己功绩的大小，只为主君耗尽所有的精力。这些人与主君情深义厚，就连做梦也不会去想着背叛主君坐上头把交椅。而且，对主君之欲言欲行很有默契，不会忘记为下一步具体行动做准备。

在日本历史上这样的人物有很多。

后醍醐天皇时的楠木正成，武田信玄时的山本勘助，为尼子家的复兴而奋不顾身的山中鹿之助，织田信长手下的黑田官兵卫，丰臣秀吉手下的竹中半兵卫、丰臣秀长和石田三成，德川家康手下的金地院崇传等，还有被誉为"军神"的山本五十六手下的黑岛龟人，这些都是效忠主君的典型人物。

另外，在企业中，有三井的益田钝翁、三菱的庄田平五郎、松下的高桥荒太郎、本田的藤泽武夫等。高桥和藤泽分别扮演了松下幸之助与本田宗一郎的"高级副手"的角色。

另一方面，在战后的政治领域里，振兴时期有三木武吉、川岛正次郎、大野伴睦、保利茂、石田博英、前尾繁三郎、椎名悦三郎

等,近十来年除前面提过的野中广务及这位后藤田正晴以外,还有金丸信、二阶堂进、西村英一、江崎真澄等人,他们也充分显示出了"协调能手"的作用。

田中角荣也是拜受了这些"协调能手"、"高级助理"之所惠,才得以长期执掌了政局的主导权。

后藤田作为一名"协调能手"、"高级助理",值得注意的除情报收集能力外,还可以归纳出两点:一、有勇气,即使触怒主君,也会毫不畏惧地进言刺耳的话;二、遵守"原理原则",绝不改变自身的人生坐标。

在田中初为首相、权势登峰造极之时,以及后来卷入洛克希德事件时,后藤田都是这么直率地进忠言的。在任何时期,给田中提意见,再没有比后藤田更厉害的大人物了。

下面是一位老资历的政治专栏记者的话。

"田中内阁一成立,后藤田就应田中之邀就任了官房副长官。不久以后发生了这么两件事。有一次田中不意间流露出这么一句:'警察呀,好对付。'后藤田一本正经地对他说:"可没那么简单。"这让田中惊愕万分。后藤田继续进言道:'总理,你现在是一条飞升的龙,所以怎么着都成。不过一旦你的势力开始衰退,说话要再不分对象,就会被搞垮的呀。'这要在平时,田中肯定会反驳他道:'你说什么!'但这次田中却少见地沉默不语。

在昭和56年(1981年)东京都议会选举中自民党好容易取得

了胜利,紧接着,田中被卷入洛克希德事件。后藤田当面对田中说:'这种结果很难说是自民党胜利了。大体上看,田中君您这样四处游说效果不太好。'当时的田中也没有还嘴,好像意思是后藤田这么说了,他也没有办法。"

后藤田曾说过这样的话:

助理的重要职责之一就是收集情报、处理情报,然后将之交给上司。不过,要想充分发挥这一作用,就必须重视与上司之间的相互信赖关系。这是因为,如果不这样就很容易只搜集并交给上司一些让人听了很乐观的情报,那是最危险的了。必须健全体制,也收集一些不太好的情报,而且身为副手也要能够对上头讲些刺耳之言,如果不那样做,就很容易对情报判断失误。

还有一点需要补充说明,没有情报本身也可说是一条情报。(《President》平成 2 年 10 月号)

绝不改变"原理原则"

书接前文,谈谈关于后藤田的能力之二——遵守"原理原则",从不改变其坐标。

一般来说,让人难以信任的男人,他们都没有自己的人生坐标。这样的人左顾右盼,毫不在乎地翻脸不认人,大都是些口舌之徒,只长于辩解。这些人在政界也是昨天保守今天革新,明天又成了保守,使政党好像在走钢丝一样。这样的人比比皆是。

结果,这样的家伙就让人觉得缺少构成自己人生坐标的人生的"基本经验"。由于没有这种"基本经验",就会厚颜无耻,轻易改变自己的人生坐标,靠辩解度日。这样的人当然就谈不上当什么头儿或二号人物了,最后的下场是谁都不会理睬他。

在这一点上,后藤田其人让人再一次感到他是个"了不起的男人"。在青年时期、警察厅时期、政治家时期,还有从政界引退后的今天,他的所言所行始终保持一致,从没有改变过人生坐标。

他在所属的田中派分裂、竹下派实际取而代之之后也不"附而求同",没有加入原首相竹下登的麾下。对后藤田来说政治之师只有原首相田中角荣这一个人,这的确显示出了他的操守,坚定得简直可以和不事二夫的"烈女"相媲美。也难怪那位田中只听得进后藤田这位"高级助理"所进的忠言。

另外,警察厅出身的后藤田乍看上去会给人一种"老鹰派"的感觉,实际上他的思想更接近"鸽子派"。这也始终没改变过。

后藤田自己在其著作《支持推动——我的履历书》中写道:"宪法为国家而存在,而不是国家为宪法而存在。"这种思想跟和平护宪主义如出一辙。

例如,围绕第二次世界大战的认识问题,永野茂门(当时的法相)做过如下发言:"我至今仍觉得侵略战争的定义是错误的。"虽

然同为自民党人，后藤田还是断然指责道："他的话根本不值得我一谈，那是对历史的认识错误。"

另外，对于公认的对人生坐标要求很严的自民党党首小泽一郎，后藤田一方面评价他"有很强的实干精神"，另一方面对小泽为之奋斗的"普通国家"却断然说"NO"。不过，小泽也的的确确是一个坐标不变的人，所以他才会有热情的小泽信徒们。

后藤田对小泽的这一"普通国家"论本来就毫不畏惧，比如几年前在接受笔者采访时，他曾经这样断言：

"日本要做'普通国家'这一想法有一个前提，那就是日本是个异常的国家。日本只进行经济活动而不承担国际责任，这样太怪了。如果联合国有要求的话，日本也可以在国外行使武力；必要的话可以修改宪法，反对修改的话可以放宽解释幅度，这就是所谓的'普通国家'。

"但是，考虑到目前我国的经济能力，日本如果越过这条一直遵守的界线在海外行使武力的话，恐怕会导致大国主义、霸权主义的产生。到时候，日本会变成什么样呢？美国会怎么做呢？外交应以国家利益为重点，美国和中国如果利害关系一致的话，他们永远都会握手言和，到时候日本就会被一脚踢出亚洲。美国应该不会放弃中国这个拥有12亿人口的广阔市场。正因为这样，日本才必须恪守原则，绝不在海外行使武力，而应该在武力以外的和平民生等领域做出国际贡献。日本应走的道路绝对是'裁军、和平'。"

同样，对于今年5月制定的新的"日美防卫合作方针"相关法案，后藤田仍表示"尽管有反对的言论，说什么'囿于原则的话就脱离现实了，国民对自卫队安（全）保（障）的意识改变了'。但脱离原则来重新解释宪法或法律的做法是绝不容许的。"其人生坐标丝毫没有改变。

中国几千年历史诞生的"帝王学"，主要框架可以归结为以下三条：

一、有教授原理原则的老师。

二、有不畏直言的左右。

三、有私人顾问。

这里提到的原理原则也就是坐标了。

对于以上三条，特别是原理原则这一条，深悉古今中外杰出人物人生论的评论家伊藤肇在其著作《人学》中这样写道：

以前通用而现在不通用了，这样的不是原理原则。所谓的原理原则是不论什么时候、不论什么时代、不论什么场合都一概通用，这就是原理原则本身的原理原则。原理原则不会有例外。阿基米德在洗澡的时候发现了一切物体在水中受到的浮力相当于这一物体排除水的重力这一"阿基米德定律"。如果这一原理有例外的话，那就乱套了。正因为如此，了解原理原则并实践它是非常严肃的事情。

任何组织，运转它的都是人。头儿和助理们都必须有让部下工作的原动力。

"那人有原则，可以放心"，"那人的坐标不会改变，可以信赖"，这样的话人们就会追随上来。

换言之，"原理原则"也是"伟大的常识"。常识无法发挥机能的组织是不能培育人才、激活人才的。

短命主角、长命配角

中国古代兵书《六韬》、《三略》中有一句"腹心一人、谋士五人"，说的是一个领导管理组织的要谛。

"腹心"当然不单单是个旁观者，指的是有能力出谋划策，并且一旦事态有变还能立刻解决问题的人；"谋士"指的是富于智谋、深思熟虑且有预见能力的人。要想巩固一个领导人的基础，就需要这样的一个"腹心"、五个"谋士"，这样，组织也会得到稳定的管理。

另一方面，"心腹"、"谋士"自己也多会为他们的领导人发挥其绝妙无比的"幸存智慧"。

以"心腹"、"谋士"或"协调能手"而著称的人中有一位叫川岛正次郎，他是昭和30年（1955年）到昭和40年（1965年）间的政治家。

川岛其人有许多诨名。由于他深悉政治，特别是自民党的内幕，就被叫做"政界内幕百科词典"；因为其善在背后玩弄权术，所以"剃刀正次郎"、"恶人正次郎"、"滑头阿正"、"向日葵"、"寄居蟹川岛"、"小偷"等等,都成了他的代名词。政界原本就是个没有诨名的政治家就绝不会成为大人物的地方,所以他绝对堪称大人物了。只是他没有显露、发挥他制定政策、推动政策实行的这一实际业务能力。

对于这位川岛,人们还有一种评价,说他"常呆在优胜者身边"、"凭借天生的感觉或判断,不遗余力支持必胜者"、"跳上可大展身手的舞台的时机把握得相当准确"。

最好的例子是昭和45年(1970年)佐藤荣作首相作为自民党总裁的"第四次选举"时川岛的"表演",对此表现得可谓淋漓尽致。

当时,自民党内由于"多选"存在的弊害,三木武夫等阻挠"四选"的势力抬头。而另一方面,也有一帮人很讨厌被认为最有希望接替佐藤的福田赳夫。

川岛也是后者中的一员。他想尽千方百计压制福田的抬头,支持佐藤的"四选"。他甚至还发表露骨的言论说:"福田肠胃不好,光吃荞麦面条,一个连肉都不能吃的人能治理得了国家吗?"

当时,在川岛内心深处已经确认"佐藤下一任"不会是福田,而会是跟自己同为党派人士的田中角荣。他早已判断出佐藤"四选"成功后,再做任期两年的自民党总裁,那时田中的竞争对手福田已年届70高龄,政治生涯早已到头了。权力最终要交接给年轻的田中。

当时,副总裁川岛关于佐藤的"四选"的演讲,实际上是变幻莫测的。到底这位实力人士川岛的本意在哪儿呢?这是自民党内

部人士所瞩目的。

川岛在昭和45年初春的演讲一开头先装糊涂地说:"'四选'问题不到秋天结果谁也不知道,"接着又说,"新首相有可能出席秋季的联合国大会。"这次用了"新首相"的字眼,对"四选"做了否定。进入7月,"下届内阁应以行政改革和选举法的修改为重要课题。"这次是在隐隐对佐藤内阁的"推动行政管理的简化"鼓掌。到了8月,"找不到(佐藤的)接班人,不必非要让人耳目一新。"至此才表明了他对佐藤"四选"的支持。

这里最值得注意的是,在此之前尽管川岛一次也没有明确表示过支持"四选",但如果把7月份以后的发言联系在一起的话,会发现他的意思很明确,就是"'四选'不是理所应当的吗"?

8月,这位川岛的"不必让人耳目一新"的言论发表后,佐藤的"四选"汽车才正式发动了。当然,佐藤是满心欢喜。看透时势的各派领袖们都慌忙跳上了这辆汽车;福田完全失去斗志,着实是一蹶不振了。

不久,川岛的这一"表演"奏效,佐藤的"四选"成功。一直希望在这个新政权下坐上副总裁之位的船田中(自民党众议员船田元的祖父,之后任众院议长)被封堵住,川岛在这次"四选"中也得以留任相当于二号人物的副总裁。这又是一次"常呆在优胜者身边"的实践。

可以说,这位川岛已经绝对洞悉"再走一步就到山顶的仙境了"。他自己有这样的名言:

"不做主角而一直做配角,最重要的是做主流中的配角。不存私欲而紧紧追随主流的话就可以'长寿',主角总是短命的。到底谁会是优胜者呢?能否把他分辨出来,这是最重要的。"

田中角荣十分重用这位实力人士川岛。在佐藤"四选"成功后,他逐渐扩充党内实力,于两年后打败了对手福田赳夫,成功地取得了天下。

▎不会"相陪到冥河"

这位川岛正次郎的二号人物的人生可以和18世纪至19世纪将法国政界玩弄于股掌之间,有天才谋略家之誉,被唤做"怪人"的约瑟夫·富歇相媲美。就连拿破仑也几次觉得这位富歇很是棘手。

关于富歇的一本传记《约瑟夫·富歇》中对他的描述和川岛的形象基本吻合。下面摘录几段:

　　他不会让任何人洞察其内心。他几乎都呆在事件的内部、党的内部,就好像时钟里边的零件一样,尽管谁都看不见,它们还是在那儿暗暗地运转着。

　　在任何时候、任何情况下,他都会留出退路以便随机应变。他绝对不会跟什么事紧密联系,最后造成不可弥补的后果。

他刚强而且有果断的工作能力,很受别人喜爱。由于躲在后面,从不抛头露面,也不会招人嫉妒。

深处幕后,这是他一生不变的姿态。他绝对不会公开地成为权力的拥有者,而且也不会完全拥有权力。尽管他可牵动所有的线,但他绝不会当个责任人。

因而,当时的法国大政党吉伦特党(Gironde)倒台后富歇得以幸存,雅各宾党被追究后富歇仍能幸存。川岛也正是如此。跟川岛同时代的岸信介首相倒台后川岛幸存下来了,河野一郎、藤山爱一郎等政治斗争的对手中的大人物等纷纷落败后,只有川岛自己得以幸存。

这位川岛之前,也曾有过被叫做"大狐狸"、"小狐狸"的三木武吉、广川弘禅这样的不以头儿的位子为目标的谋略型的策士。三木为追随原首相鸠山一郎下台了,广川被原首相吉田茂轻易地抛弃了。

但是,得以最终幸免的川岛,直言不讳地说过这么一句口头禅似的话:

"我不会一直陪着走到冥河。"

这可以说是表达出了川岛的秘诀。

但是,川岛的这一"名人之艺"绝不单单是靠其天生的直觉或判断。

正如田中角荣,他除了天生的直觉或判断外,还对"田中机关"搜集来的情报进行分析,控制住了许多政治斗争。川岛也拥有一个叫做"川岛机关"的情报网。实力人物得到的不应是从报纸或电视上得到的所谓二手情报,而应是第一手情报。若非如此,那他只不过徒有虚名,没啥了不起的。这在前面也曾提到过。

"川岛机关"这个情报网在所有地方都架起了天线。自民党各派自不必说了,从在野党和"霞关"的各大机关到大型企业、各国大使馆、当时兴隆的酒馆的艺妓、女招待等等,简直无所不包。一旦有事,所有情报就会以惊人的速度传到川岛处。

除此之外,对于报社的政治部记者,如果能够利用就会对他们倍加关爱。但是,对于那些即使疏远也没有不利影响的记者也适当交往,尽可能避免惹他们反感。

除此之外,川岛对于钱这个武器也用得很巧妙。信奉"现金主义"的川岛西服的左右口袋里各放着一个钱包。外出时常在左边钱包里放上几十万日元,在右边放上几百万日元。发现哪个议员缺钱用就叫住他,把左边钱包里的钱一下子掏出来递过去说:"都拿去用吧。"然后再拿右边钱包里的钱来补上左边的钱数。

川岛任干事长时竹下登还只是个普通议员。当时,竹下阵营中出了违反选举法规的人。竹下没有钱来诉讼,川岛一下子掏出了30万日元叫他"好好处理一下善后"。那是在昭和33年(1958年),这笔钱相当于现在的四五百万日元。

川岛的这种第一手情报奏效的例子之一是在昭和39年(1964年)11月首相池田勇人"三选"胜利后,由于癌症发作而很

可能要引退，需要决定继任人的时候。

当时的形势是，在"三选"中仅以 10 票之差而败北的佐藤荣作占优势，不过另外还有碎嘴的河野一郎在虎视眈眈，藤山爱一郎也野心勃勃。政权是绝对不会那么轻易地落到佐藤手中的。

这时，任自民党副总裁的川岛，从一开始就认定接班的是佐藤。不用说，这当然是为了继续其"主流中的配角"生涯。

但是，川岛在池田发表离任声明后的几天里都没有丝毫的动作。党内甚至还有人说："做协调工作的谋士这次也要举手投降了吧。"但是，川岛这几天里没有丝毫动作绝非是在袖手旁观。这段时间里，来自"川岛机关"的有关佐藤、河野、藤山的打算或动向的情报堆积如山，整理这些情报要花费相当多的时间。

另外，这之后还需要 20 天的时间在党内的元老、实力人士中间奔走，专心致志地收集并分析情报。他的这种作战方式，由于在时间上留出了余地，反而奏效了。不久，断断续续开始有人批判河野，并对刚踏入政界不久的藤山表示了不安的看法。

结果，在川岛的这种运作下，不利因素多的河野、藤山不久就失去了党内优势，候选人只留下佐藤一个人了。这样很快佐藤就被池田指名得以坐上了首相之位。

同时，佐藤政权诞生后，川岛得以留任副总裁，再一次确保了他的绝对位置。"绝不陪着到冥河"，这绝对可以说是川岛作为一个配角得以幸存的"绝技"。

形容政界的那句留传后世的"咫尺之前一片黑暗"的话，实际上是川岛说过的一句话。佐藤夺取政权后，佐藤派的田中角荣也充分借鉴了川岛这一收集情报的威力。

助理同时还应是"指挥塔"

跟川岛正次郎同一时代，还有一个人也过足了二号人物的职位瘾，他就是在自民党副总裁位子上呆了长达7年之久的大野伴睦。

这个大野，人们都叫他"阿 BAN"（日语中"伴"的发音同"蛮"，意为"野蛮"）。他年轻时属于政友会（立宪政友会的简称，作为当时的两大政党之一与宪政会对抗）的"院外团"。所谓院外团就是可以自由出入党本部、对党的政治活动起辅助作用的所谓的私家兵。其工作是发发演讲会传单、整理会场或者进行演讲的垫场戏等等，有时候还会去敌对党的宪政会（民政党）的演讲会场找茬儿打架干扰（这也是其"工作"之一），所以他这个"阿 BAN"的称呼真是再合适不过了。

这位大野虽然也是位二号人物，可他和前面的川岛正次郎无论是做法还是思想都不相同。川岛重视情报，行动极尽聪明之能事；相反，大野的内心却是"双重构造"。上层呢，为天生的情理和人情所左右，每每对他人的好恶表现得很露骨；下层呢，跟任何一

位政治家一样都擅长打如意算盘。另外，川岛对于当二号人物就很知足了，而大野却对头儿的位子有野心，这是他们最大的差异。为此，大野的这种野心最终给他带来灾难，使他轻易地就被历任头儿漂亮地踢开了，那都是因为他迷失了一心一意做个二号人物的诀窍而深受其害的缘故。

大野原本是鸠山一郎的直系，在鸠山被驱逐后，他跟对手吉田茂互相寒暄并投入吉田的怀抱，这是一支典型的"浪花曲"（重视人情面子的通俗、古老的曲子）。然而，吉田不久也疏远了这个大野。本来，吉田是贵族情趣的人，他强烈认为战后的现代化最重要的就是要依靠逻辑清晰的官僚。这样的吉田是不会跟一个讲究情理和人情的人最终相容的。

最好的例子是昭和27年（1952年）8月大野的那次为期仅3天的众院议长经历。当时，大野得到吉田的推荐被选为他日思夜盼的议长，但是吉田无视这位大野议长的意图，进行了"突然的解散"。由此可以看出对于这位立法府的头儿大野，吉田在内心深处是多么的轻视。

此外，昭和32年（1957年）2月岸信介就任首相之职。在那之前，岸说过"完成了夙愿《安保改定》（即《安全保障条约修订》）就会离职，推举大野君为接班人，再往下是河野（一郎）君"。这样明确了政权禅让的顺序，为得到大野的支持和投靠费尽心机。

据大野说："岸信介说如果口头约定不行的话，可以写份誓约。(当时是在帝国酒店新馆"光琳阁"里)因为房间里没有笔墨,就叫来秘书让他去取笔墨纸砚。然后,岸信介拿过笔,写下了接班人"拜托大野"的字样。(《周刊新潮》昭和37年9日3日号)

但是,岸在《安保改定》完成离职之后,反而好像把政权禅让誓约书忘得一干二净,而把池田勇人推为了接班人。大野这次又被彻底抛弃了。

在池田政权下大野也被留任副总裁这一形式敷衍蒙混过去,池田的继任落在了保守派直系佐藤荣作的手中。也就是说,大野暗中窥视的天下,一次又一次从他面前溜走了。

如果追究其原因的话,一来是由于各任政权都看出了大野的"双重构造"的不安定性,同时也是因为大野缺乏川岛那样的收集分析一手情报的能力。正因为情报不足,大野才不能正确地把握党内形势和实力派的意图等。

今天的自民党是自由党和民主党联合(保守合并)于昭和30年(1955年)11月15日结党的,自由党的大野当初对此表示反对。当时,民主党内合并派的急先锋——干事长岸信介、总务会长三木武吉为了瓦解自由党,把突破口放在了大野身上。

以谋士闻名的三木花了三个小时这样劝过大野:

"我已经上岁数了,能干这大事的人,在自由党中只有你了。你我之间也曾经相互诽谤、相互憎恨过,为了国家,那样的小事我不会放在心上的,所以,我才能跟你促膝交谈。"

结果,三木、大野会谈之后,保守合并获得了全面进展。不过当时,自由、民主两党内传出了不少这样的言论:

"善用花言巧语使人上当的三木的花招,正好击中了大野重视情理和人情的薄弱环节。因情报而落后的大野,在最终关头掉以轻心了。"

大野在池田政权下作为自民党副总裁曾公开说过:"只要我还没翻白眼,我就绝对不会把政权交给佐藤(荣作)。"但不久政权就落在了佐藤手中,那之后,梦想着自己能夺取天下的田中角荣也没有重视大野的战术。他深悉大野还不足为惧,这是由于他早就看透了大野缺乏情报能力。

作为"协调能手"的助理、二号人物,他们的存在绝不单单是做主君的眼睛或耳朵,只是用来收集情报,还应该起着"指挥塔"的作用,大野多少还缺乏这一认识。如果再进一步解释的话,裁判急得想勒紧裤腰站上相扑台,但实际上他是承担不了这一重任的。

回顾一下领导和这些身为二号人物的"协调能手"们,从最终责任来看其职位的重要性有天壤之别。当然,领导的地位绝对更重要,首相和他的阁僚们、社长和副社长等其他董事们必须拼命为国家或企业做最终的决定。

领导最后即使孤独一人也必须进行决断,无法放弃自己的责任。与此相反,二号人物则是可以说想说的话,如果还感到不满,那就放弃这个位子。在这一点上,领导和二号人物之间有着很大的差别。

第二章

在上面站得住的人

演讲高手要和听众"融为一体"

作为领导者应具备的条件有很多,其中一个就是他应该是一个"演讲高手",而且,他的演讲还必须经常保持明快的气氛。这是为什么呢?因为领导者从某种意义上讲还必须是一个营造气氛的人。的确,道理虽然正确,但如果所讲的内容阴郁的话,是不可能让听的人精神百倍的,周围的人也是不会追随上去的。

笔者三十几年来一直注视着永田町,要让我举出谁是"演讲高手"的话,在众多口齿清楚的政治家中,原首相田中角荣和原副首相渡边美智雄值得一提。因为这两个人在营造气氛这方面都是出类拔萃的。

田中称自己是"讨人喜欢的大熊猫",对自己的演讲、致辞相当自信。事实上,有田中到场的集会、演讲会场内,聚集的人数绝对非同寻常。例如,在国会议员的"激励会"晚会上,聚集了几千名热情洋溢的人,田中的致辞一结束,他们就都向四面八方散去了,其他宾客的话不听也罢。

田中作为"演讲高手"最大的特色就是即便有上百、上千名听众,他也能做得好像跟每个人谈话似的。也就是说,他的最大特点就是把自己和听者融为一体了。

田中曾经说过:"我的演讲不论老人、妇女或青年人,谁都能听懂。"听众中既有与时代相隔的80岁的老爷爷、老奶奶,也有儿子离开自己去东京谋生的母亲,还有梦碎于大城市再次回到故乡务农的20岁的年轻人。田中所讲的每一句话,在每个人的心中都产生了共鸣。讲话总是要有个核心的,可是既能抓住核心,又能让所有年龄段、所有阶层的人同时理解,这绝不是普通本事。

田中为"融为一体"所做的铺垫也是丰富多彩的。他特别工于比喻,让人听了大笑不止,突然间语调来了个180度大转弯,提出了严肃的现实问题。对现实的证明,最有说服力的是罗列大堆的数字。田中会劈头盖脸来一通数字的轮番轰炸,在大家听得目瞪口呆之时，加上些"哎呀"、"对吧，诸位"等感叹词，时而表示同情，时而给予憧憬，时而一声顿喝，正当全场鸦雀无声等他的下文时，他却一下子结束了。手法真是无与伦比。

快慢缓急，游刃有余，让人只能感叹绝妙。

作为例子，先来举几段"田中式谈话"：

> 学校的老师在游行时走得歪七扭八，却让孩子们走直线，这种话怎么会有人听呢？不听校长的话把校长逼得几乎快上吊了，还给校长回一句：我们是劳动者！能允许他们干这种蠢事吗？教育可是民族悠久的生命啊！

> 今早我看了会儿电视，听到在野党的诸位先生们在说什么"目标就是不让自民党过半数"。这是在胡说些什么！真是那样，那就不是政治而是相扑了。政治可不是相扑，只要分出胜负就行了。这可是日本的政治，不是看到别人的马倒下了就满心欢喜的街头浑事。那么应该怎么办呢？政治不是颂歌，是现实。究竟如何才能将问题弄清楚，这不是政治家的责任吗！哎呀，近来我的女儿也不听人说了，她的女儿也是这样。我想这是个恶性循环，夜里躺在床上我感觉这也是没办法的事。

> 尽管评价不好，自民党却仍一直在运转着，这是为什

么呢？这个嘛，就跟做妻子的心情是一样的：虽然自己的丈夫酒后爱耍酒疯，但他毕竟很能干，这样的丈夫是不可替代的。

今天的自民党，就好比一头雌象（首相大平正芳）躺在栅栏里，在它周围，一只瘦老虎（福田赳夫）、一条鬣狗（三木武夫）和一只秃鹫（中曾根康弘）正在那儿蠢蠢欲动。在野党的那些家伙们只是在栅栏外看着。再说无党派的田中，他好比把半个头伸出栅栏外的雄狮，听着老虎啦、鬣狗啦、秃鹫们现在正说些为所欲为的话。他们不明白雌象一旦发火那可会吓死人的，到时候可就要吃不了兜着走了。

（铃木善幸内阁）如果啥事都不做的话，内阁是不可能长久的。事到如今，应该在任期内处理点实际事务，4年的话就干4年的事。说什么干急了会受伤呀，不干活能长寿呀，把孙子兵法这样用在国家的政治上是不对的。这正是自民党内阁现在必须注意的地方。因为是人的行为，所以必然有不成熟的地方，但是，那可以在悠久的历史长河中去补足。如果空虚度日的话，就无法尽到执政党的责任。哎呀，日本人性子很急的呀，如果戏台上的幕布老那么垂着，他们会发火的哟，客人们就会走光的。当然就会有性急的家伙跳出来说："让俺来代替他们吧。"对吧,诸位?

不用说,听众中所有年龄段、所有阶层的人们都会边笑边连连点头的。

▎掌握应答的技巧

还有一位跟这位田中角荣不相上下的演说能手,他就是渡边美智雄。田中被人叫做"带电脑的推土机",渡边也有个相仿的别名,叫"带电脑的小贩"。

渡边的出生地是栃木县。他操着一口方言,语调粗鲁而爽快。他和田中一样也擅长比喻,尽兴时会旁若无人。他那不讲求格调的"美智式"的比喻常会引起人们的议论。"在野党光说漂亮话,就像在用小钩钓鱼,被钓上来的鱼(有选举权的人)智商太低了。"

但是,仔细分析一下他所说过的话,会发现绝对不是说走了嘴或信口胡说,那是经过了深思熟虑的。

毕业于东京商大(现在的一桥大)的渡边在战后复员回到栃木县,为生计所迫当了小贩。他肩上挑着用绘着蔓藤花纹的大包袱包着的刷帚、纸烟和鲸鱼脂做成的肥皂等日用杂物,在农村挨家挨户叫卖。

然而,他一面不厌其烦地对农妇夸口这种肥皂去污力如何如何强,一面又在谈论战后对生活感到极度不安的农家今后会是什么样,甚至还纵谈国家大事,比如经济膨胀的对策、降低税金的办法等等,作为聪明的小贩很受众人欢迎。他就是凭借这一本事,后来当上了栃木县议员,不久又爬上了中央政界。也就是说,即使是在小贩生涯中,渡边的话里也对未来有很多的计划。

下面是渡边作为演讲能手的例子。

那是在昭和34年(1959年)的栃木县知事选举时。当时的在任知事是革新派的,自民党想拥立原参院议员与之对抗,当时还只是县议员的渡边作为游说队长打头阵,做了这样的演讲:

"诸位!圣诞前夜知事公邸里耗费了好几百个鸡蛋、上百斤白糖还有很多只火鸡。这些全都是知事花交际费买来的。怎么能花公费搞得如此铺张呢?这种事,咱们县的人能放任不管吗?"(小池亮《渡边美智雄的研究》)

在当时的栃木县,还没有农家从事火鸡的买卖,不过即便那实际上只是普通的鸡,一旦说成火鸡可就成了奢侈之谈了。可能是这些话起了作用了吧,那位革新派的知事被人劈头盖脸臭骂一通,无可奈何地败阵而去。这绝对是"美智式说话技巧"的胜利。

还有,昭和54年(1981年)岁末,渡边在大平——田中联合对抗福田——三木——中曾根联合的自民党"四十日抗争"中,违背

了所属的中曾根派的意见,参加了大平——田中联合,并和其他志同道合的伙伴一起退出了中曾根派。

但是,渡边这时的演讲,一边奉承了中曾根,以博得听众的理解;另一方面,通过运用理论以假乱真,将自己的行为正当化,抬高自己的人气,绝对是变幻自在、"自我辩白的演讲"之典范。

我这个人呀,就在不久之前还是中曾根派的一员。那里,集中了蛇(三木)、兔子(福田)、袋鼠(中曾根)等,他们吵闹着要把大平海龟从首相的位子上拉下来。然而,大平海龟脚上有吸盘呀,牢牢地粘在那儿,用棒子敲、用石头打都缩着脖子一动也不动。大家都累了歇下来后,他才开步走。

说中曾根是袋鼠,是因为他刚才还一直说是右边呢,到了明天又换成左边了,后天又变成右边了。因为他老是这么大幅度地跳来跳去,所以口袋中的孩子就蹦出来了。我就是这么被从中曾根派中推出来的。

让我再举一个例子吧。大平、田中两家合一后,曾说也让中曾根派参加进来。所以,我就对中曾根说:"跟他们一起搞个联营怎么样?"他本人开始也有那打算,但不知不觉被福田拉拢过去了。中曾根派中,也有人说我是一边把中曾根当做老公,一边却又对大平见异思迁。正是有了这帮人的煽动,我才被逼着领了"离婚证"的。

总之，中曾根是把自己的妻子赶了出来。中曾根把老婆赶走了当然好了，但留在家里的兄弟、孩子们却在喊着"快点让渡边妈妈回来，快点让渡边妈妈回来。"即便这样，和我一起出来的人们仍说不想回去。（同前《渡边美智雄的研究》）

所谓真正的雄辩家，指的是不管所谈的话题多么难，都能善用比喻，运用明白易懂的、愉快的或者说话剧般的表现让所讲内容浮现在听者面前。还有，如果是一对一的谈话，自己转而成了听众去听对方畅所欲言，是那种"擅长倾听"的人。换言之，那种擅长揣摩应答之诀窍的人才是真正的雄辩家。

男人要有大气量

男人尤其要有气量。

田中角荣和大正昭和初期日本资本主义史上最高的指导者、别号"不倒翁宰相"的高桥是清两个人的人生极其近似，说是一般无二也不为过。

两个人都没有严厉的家庭环境和正规的教育基础，少年时只能自谋生计，因此，工作常常换来换去。特别是是清，一生换过20多个工作。然而，他们最终都爬上了首相的高位。这对于是清来说，真是历尽挫折，无数次跌倒又爬起来，不愧为"不倒翁宰相"。

另外，两个人都是生机勃勃的。他们从不示弱，经常喝大酒，玩女人，吃喝嫖赌无所不干。但是，另一方面他们的生活方式未必就是只考虑自己，经常是考虑到公家利益的。

他们的勤勉努力也都不逊于常人三倍。骨子里很浪漫，腼腆，待人和善，因此，有时也会轻易上当受骗。只是，他们看人的眼睛很清澈。精悍、霸气、富于机智、幽默、稚气，这些也是两个人共同的风格。

他们还有一个共同之处，是清在社会状况跟现在差不多的昭和初期的金融动荡中，田中在昭和40年山一证券破产问题日益表面化、证券动荡可能导致金融动荡时，这两人都发挥了大藏大臣高明的指导能力，均使金融危机得以避免。

需要郑重说明的是，两个人的这些能力都是在雁过拔毛的社会里经过锤炼得来的。也就是说，是"实践学问"超过了学校教育、普通学问。

两人还有一个共同之处，就是他们一旦有难总会有吉人相助。援手之人都是看中了他们的爽快、勤勉以及具有基于"实践学问"积累起来的卓越的才能。也就是说，这两位都有大人物所应有的"气量"，因此，时常有人在关注着他们，并且在他们有难时一定会扔过来一个救生圈。

咱们先来看看是清在这方面的例子。

是清这个人有个毛病，就是自己感觉不痛快时，就会啥都不管不顾地从工作中抽身而去。虽然家里人觉得肚子饿,但是他会说,三餐缩成两餐又不会死人,这种不通情理的工作我不想干,你们就忍忍吧。这是他一贯的姿态。

是清少年时为了解外国去了美国,在几乎沦为"奴隶"之前回国了。在失意中认识了后来成为明治维新政府第一代文部大臣、不久又当上了外务大臣的森有礼。森很赏识是清,就推荐他当了新设的"大学南校"(东京大学的前身)的英语教师,失业的是清在这儿得到了"教官三等年奉"的聘书。

后来,他因为跟艺妓谈恋爱离开了"大学南校",转到唐津(在佐贺县)的英语学校任教,还是一个劲儿地喝酒,腻烦了时便辞职进京了。这回又是前面的森有礼伸出手来,这次是清得到机会进了文部省。

为了解活生生的经济,是清又辞了文部省的职务,一转身当上了银市、米市的投机商,结果大败。但是,森有礼仍没有抛弃是清,他又被招进文部省,一个月后得到机会转到了新设的农商务省。在这儿他天生的研究欲再次被点燃,他认真地钻研了法律。在那以前还未整顿完善的日本的商标法、专卖法、著作权法等都是在是清的推动下,才得以确立了今天的法规。这是日本资本主义和现代化的发展所不可或缺的。

在上述官吏生涯中,是清感到日本的现代化必须考虑吸收劳动力,就转而把目光投向了矿山的开发,亲自进行了南美秘鲁银

山的开发，不料碰上了骗子而大败，不得不卖掉房子，财政因此背上了大赤字。他又陷入了闭门索居、抱头苦思的窘迫境地。但是这次又有后来做大藏大臣、首相的松方正义，干过内务大臣的品川弥二郎，农商务省时的上司次官前田正名，西乡隆盛的胞弟、当过海军大臣的西乡从道等显赫人物相继伸出了援助之手，他们活动着打算让是清进日本银行。当时是清除了进日银以外，还有知事的位子和铁路公司社长之职可供他选择。谁都不想把这个人才、好汉弃而不顾。

最后，当时的日银总裁、被唤做"法皇"的实力人物川田小一郎注意到了他，进日银的事这才决定下来。后来是清当上了日银总裁，这回政界没有放任自流，而是将他推向了首相的位子。

是清后来于昭和11年(1936年)的"二二六事件"中被暗杀。他作为风云人物一生都毫无物欲，眼睛看到的都是公家的利益而非私利。在他无数次陷入困境时，总是有人伸出手来帮助他。

再说田中角荣，在他白手起家为创业而奋斗时，受到了为日本经济界吹来新风的理研康采恩①的统帅、东京帝大教授大河内正敏的知遇之恩，不到20岁就使自己的田中土木建筑工业进入了全国50强。

---

①康采恩：德语 Konzern，意为垄断的联合企业。

另外,田中后来进入政界,被当时的首相吉田茂看中,允许他加入"保守派",可以说通往总理大臣的道路由此打通了。是清和角荣能跟这些难得的人邂逅,都是多亏了本人的不断努力以及他们那让人信赖、令人愉快的个性。但总体来讲还是他们的"气量"得到了赏识。

有人认为对男人来说,"气量"说到底就是"勇气"。不论是在得意时还是在失意时,一旦自己做了决断,即便是骰子哪面朝上还不清楚,也要进行不断的努力,勇往直前。这种"勇气"形成后,就有了"精气神"了。它们就是"气量"的衡量标准。

男人应该知道自己要有"气量"。

人要了解自己的缺陷

有这么一种人,让他干活时能比别人干得要好,业绩也还算可以,但不知为何,总提升不了。不用说上司一直在观察他,那么,他肯定有某处不足。

对于这一点,笔者由于工作关系,经常跟报社、出版社等媒体的相关人员打交道,时常会有所发现,觉得"原来如此呀"。

这些人有个共同之处:在公司内他们不会说什么,一旦离开公司就会怨言不断、牢骚满腹。

"××部的××业绩不大,这次却给了个部长待遇,而我呢,

职务、工资一点儿也没提。上边的人都是依据什么来搞人事的呀。"这种人我见过许多了。

同时,我还发现这种"牢骚满腹"的人还有另外一个共同之处。

那是什么呢?工作顺利了就满脸喜悦,一旦自己的处境变坏,就敏感起来,必定要举出上司、同僚等他人的不好,一个劲儿地回避自己的责任,以减少对自己的不利。

在这种时候,到底还是"人性学博士"田中角荣目光锐利,早就看透了部下的这种"毛病",录用的都是默默为工作挥汗如雨的人。也就是说,对于那些"牢骚满腹"的人就随便应付了事了。

田中曾经这样说:

"小泽一郎(现自由党党首)这个人不错,默默无闻,为别人拼命工作,从不抱怨,这种家伙会有发展的。"

"官员中局长、部长级以上的,都在拭目以待未来的天下。为求自保,往往少些横冲直撞的干劲,有时满口借口、不满。相反,有些课长、课长助理级的则工作热情,不说什么不满的话。所以,我经常注意他们这些人。"

"(答大学生记者问)你们呀,应该感到现在的境遇很难得。老是在那儿唠唠叨叨发泄不满的家伙,这一生就会永远与不满相

伴。说什么社会不好、政治不好、别人不好，说这些究竟有什么意思呢？当你能为他人做贡献了再说吧。"

总之，首先考虑自保，满腹牢骚的家伙，在困难时刻只会想到逃跑。这样的人不值得信任，不会有任何用处，应该弃之不顾。

有一种人拒绝这种满腹牢骚不满的人生处世态度，其中就有前面提过的高桥是清。

这位高桥的语录跟田中的一样，也会让那些"满腹牢骚"的人汗颜。

高桥是这样说的：

既然以工作为中心，那么不论是什么工作，不论是多么低贱的或多么简单的，都要能一心一意地努力工作。这样，就没什么能让自己牢骚满腹了，也就不会因为别人升了好职位，自己被遗忘而失望、丧气了。

如果产生不满的话，那就让他辞职，自己独立就是了。一旦独立了，对任何事不论成败如何都会尽心尽力地去干，这样就不会有什么不满了吧。但是，如果不能独立的话，就不要说什么不满了。

人都有十分的力气，人们常常把这十分力气一下子都用掉，这是不对的。应该适当地只用七分力气，把剩下的三分力气贮存起来。这样，一朝有难就能使出十二分的力气来。(《是

清翁遗训》）

高桥的这些语录主要谈的是以工作为中心的处世方式。只要以工作为中心，就不会有那种对现在的工作不满的自私自利的想法。总之，职务、地位等是因工作而存在的，而不是因人而存在的。正是由于老拘泥于错误的认识，才会生出满腹的牢骚。

另外，即便坐在了自己不满意的位子上，也应该把它往好处想。应该把这一时期当做机会，积蓄力量以备坐上下一个位子之需。

高桥这么说道：

有许多次是由于我自己见识少才经历了那么多徒劳无用的波折。如果说其中还有那么一点儿值得自夸的，那就是不论在什么情况下，我都绝对不会以自我为本位去采取行动的。

荣枯盛衰是人生之常。顺境不会永久持续，逆境也主要是看你的心态如何了，它会随心态来个大转变，成为顺境。当然，人生中的顺境，有时也会因你的内心准备不同而发生变化。（《随想录》）

尽管时代改变了，社会体系发生变化了，但这一人生训诫绝不会过时。

"满腹牢骚的人"指的是不明白自己缺点在哪儿的人。

战胜"舆论"的方法

越是发挥自己强有力的领导能力，干的工作越多，就越是难免事与愿违，招来"不好的舆论评价"。反正只要工作就会有批评，毁誉褒贬都是不由己的事儿。

在政治的世界中，比如吉田茂签署的《媾和条约》，岸信介签署的《安保条约修订》，田中角荣的《日本列岛的改造》等，在当时都大受批判、反对，即有过"不好的评价"，但时过境迁评价也发生了变化。他们不管别人说什么，至少都有政治家应有的信念、使命感。政治说到底就是个责任问题。害怕责任、无所事事的政治家是最大的废物，至少，他们不配有国会议员和政治家的大名。大多数普通国民不可能了解他们的信念或使命感，因为大家的处境不同，这也是没办法的。

在任何天地里都有非凡表现的领导能战胜这些"不好的评价"。与其说战胜，倒不如说他们把这些"不好的评价"当做营养，并进而从中得到了启发以图发展。

在职业棒球的世界里，也有不少领队，人们都说他们能顶得住这类"不好的评价"，在此举出其中的两人为例。一个就是可以称为今天的西武狮队"中兴之祖"的广冈达朗，还有一个就是把在中央棒球联盟中徘徊于低谷的"常客"益力多队培养成日本第一，

现在又在为同样经常处在末位的阪神泰加队的重生而奋斗的野村克也。

以上这两个人都很严厉，难免遭人背后说坏话、乱指责，但这种"不好的评价"都慢慢地消失得无影无踪了。

先来看看广冈达朗。

"他们再烦也要谆谆教诲。""我那么严厉是为了培养队员。""领队（领导）是从招队员恨开始当起的。"在月刊《致知》昭和60年(1989年)1月号里他发表了以下含蓄却富有说服力的话语。

投手投不出什么样的球就无法生存下去，这种指导谁都应该做，可是教练没有耐心灌输这种指导。无论谁都不想把球投向难投的地方。可是，（指导者）还是应该有这样的信念。有的人不想惹队员讨厌，就对队员好言好语，让他们有麻烦了就来同自己商量，可是呆了3年也没给出个答案。

总而言之，指导者一定要把自己的主张、主义表达出来。特别是由于领队被赋予了这一权限，所以当别人指责说"那家伙到底打的什么棒球"的时候，领队如果还看不出他不应该那么打棒球的话，这种领队还不如辞职算了。

通过在激烈的竞争中取胜而得以幸存的是职业球队，大家互相帮助、一团和气的是业余球队。通过制造出竞争对手，大家互相竞争互相激励培养队员，只有这样，一个队伍才会永远强大。我在西武的时候，比如石毛君在训练赛中偶有失

手,比赛后我就会说"要是阿辻的话,就不会这么轻易地被捉住了。"也就是说,这样做会使队员们感到竞争对手有很多,可以激励他们奋发。

(对于别人说我过于严厉的这种"不好的评价")我觉得这不是严厉不严厉的问题,而是哪儿严厉的问题。常有人对我说公开允许队员们外出野游怎么样,这种时候还是让他们自由比较好吧等等。如果是本人的意愿且自己负责的话,在某种程度上尽情一些也可以,但那并不意味着指导者应该说"可以做"。

再来说一下野村克也。

他原来是打"捕手"(棒球中的接手)这个位置的。他在比赛中,对所有队员的动向都一清二楚,是个名副其实的"捕手型队员"。特别是他从不妥协,追求组织完美,这是他的特性。野村在益力多(日本酸奶商标)队时代,给队员们灌输了"ID(重要数据)棒球"理念。

碰到某种状况时我会问队员们:"你们想没想过这事?"回答总是"没有"。我觉得这种走一步看一步、以为只是悠然自得就能有好成绩的想法无论如何都必须杜绝。不论是投手还是击球手都一样,想想领队想让自己干什么,就相当于想想自己最讨厌对方干什么。一定要好好想想。上任第一年,我就由此开始了意识改革,因为对于棒球常识,队员们还未能

完全理解。

第二年,我也是在总结了第一年教训的基础上,提出了三条口号。第一条是轻轻松松不会有好结果;第二条是要重视过程;最后一条是关于胜负的铁的原则"知彼知己"。围绕这三条进行努力,使队员终于能够有所理解,并且能够身体力行起来了。

棒球是八分靠脑子,一分靠勇气,一分靠体力,我一贯这么认为。只是,不能过分依靠数据,其中还必须搀进心理因素。比如,投手紧张时容易投出什么样的球啦,什么时候投球的编配要不同一般啦等等。到了第三年,应以严厉为主。(《月刊经营塾》平成 3 年 12 月号)

政界的吉田、岸、田中,以及棒球界的广冈、野村,都能一边批评之声不绝于耳,一边推行自己的主张。这无非也是因为他们非常有自知之明,所以,他们才能战胜那些"不好的评价"。这正是"乔木为风折",高大的树木,受到的风也较强大。正因为他们是非凡的领导,所以那些"不好的评价"倒毋宁说是理所当然的。

"崛起"不可缺少的条件

人的一生有时阳光普照,有时阴云密布,有时狂风大作,绝对不是平平淡淡的。中老年职员有的时候不得不茫然地站在成功与失败的十字路口去面对无法预期的事态，年轻人也会经历年轻所导致的失败。

但是，有时必须要洗掉已有的污名、污点，必须从挫折中重新站起来。为了这一目的的"崛起"需要哪些条件呢？

首先，当然少不了本人的主观努力，除此之外还不可缺少的是保质保量的人际关系网。如果在公司工作的话，那么就是值得依赖的上司、同事们；如果是年轻人，那么就少不了肝胆相照的朋友。有了这样的"援军"，才能有机会"崛起"，才能从挫折中重新站起来。如果是孤军奋战，单枪匹马地干革命，就很难摆脱挫折的影响。

田中角荣一生中经历的最大的狂风就是洛克希德事件。

把处于这一事件"漩涡"中的人物留在身边，本来对于自民党来说就是个大麻烦，而且还要参加选举，这无疑是个大障碍。可能的话，希望田中能率先辞去议员的职位，这都是大家的真心话。

这时，当时的社会党、共产党提出了针对田中的《议员辞职决议案》。自民党如果能借此机会让投票占多数，田中将不得不辞去议员职务。甭管你拥有多大的实力，没有了议员资格，你也就不是那个田中了。没了这个资格，田中就不能继续保持他对政界的影响，而且还会影响接下来对他的审判。

但是，自民党好像把这个"决议案"搁置了起来，拒绝进行表决。决议最后就这么不了了之了，田中没有被迫辞去议员之位。

为什么自民党会这么帮田中的忙呢？

简而言之，是由于田中在长期的政治生活中织起了密密的人际关系网。令人吃惊的是，田中从28岁初次当选的那天起就着手建人际关系网了，这在不久的将来助他夺取了天下。

田中建人际网，是用"情"和"利"笼络人心的。

先来谈谈"情"，田中从来没忘记那些背运之人和手下人。尽管他成了伟大的政治家，但他从没看低过任何人。而且，他从不妄自尊大，即使当上了首相，与人交往时也经常与对方"融为一体"。

另外，他从不说别人的坏话。人嘴是封不住的，说不定什么时候它就会帮个倒忙。再有，不管多忙，田中都很重视葬礼和祭祀。即使那是政敌方的，他也很自然地与之共悲，真心地悼唁，为之难过。不用说他会最先跑去守夜、参加葬礼，做干事长时，即使忙得分秒必争，对于葬礼也还是很重视的。建人情网最牢固的纽带就是打动对方的心弦。

再来谈一下"利"，在这一方面田中精于用钱。

钱这个东西，众所周知，有时因借方而异会带给人内心很大的创伤，田中多加了小心尽可能减轻这种重创。这些借钱的人也都很明白，所以他们当然会在心中向不让他们感觉有负担的"角荣做法"作揖的。就是亲手把钱交给政治家或官员们时，田中也是选择最好时机，尽量不给他们添加负担。因为拿钱的一方，肯定多多少少会有些思想负担。总之，他给予对方的"利"也常常打动人的心弦，这是一种"让人感动落泪"的做法。

因此，田中的人情网就以细菌繁殖般的速度迅速壮大起来。多亏了这个人情网，田中才得以摆脱了困境。

田中所师从的佐藤荣作首相，由运输次官进入政界5年后任自由党干事长时，因"造船疑狱"而被牵连。事后检察院决定逮捕佐藤干事长，可是佐藤的头儿，当时的首相吉田茂行使了法务大臣的大权，佐藤才没被逮捕。

当时，吉田正处在"保守主派"的顶点，集吉田的宠爱于一身的佐藤又是吉田的"保守主派"最有希望的继承人，因此佐藤正是由于有吉田这一人际关系才得以摆脱这一人生最大的困境。如果当时吉田没有行使大权而佐藤因此被逮捕了的话，可以说佐藤后来就当不上首相了。

与此相反，有两个实力人物，他俩由于没有田中和佐藤那样强大的人际关系网而从政治舞台上退下去了。

这两个人都是因为牵扯进东京快递事件中去而受到追究的，他们是原首相细川护熙和原副首相金丸信。

细川是在平成5年（1993年）8月，正当自民党在大选中失利

而被迫下野之时,被非自民党联合推上首相宝座的。他那跟以往的首相略有不同的表演及他给人的新鲜感、明快印象,使得他在内阁中的人气很旺。可是这种不经意间得来的政权还有他那脆弱的人际关系网,导致了在他对快递事件的解释陷入僵局时,赴任8个月就不得已退位了。

另外,金丸信也一样受该事件的牵连而最终被迫辞去议员之职。虽然金丸这个人的能力在政界屈指可数,但最终还是失败了。可以说缺少真正支持他的人际关系网是其失败的原因之一。

田中保住了议员之职,而细川和金丸却未能幸免。

"崛起"最重要的条件就是拥有真正能帮助自己从困境中重新站起来的人际关系。

深谙"时机"、"距离"之美

古今中外,历史上所有伟大的领导者都有一个共同之处——他们在行动、发言时都把握住了非常好的"时机"。跟部下、大众之间都精心或自然地留出一个若即若离的"距离"。对这一绝好"时机"、绝妙"距离"的把握帮助其笼络住了人心。

田中角荣是一个天生精力充沛的人,但他绝不是一个只顾一门心思直往前奔的人。他不会忘了经常停下来考虑一下怎么样把握这一"时机",怎么样跟周围的人保持好"距离"。

田中的绝好"时机"指的是什么呢?

田中在得知相识的人去世之后,会先赶去在亡者灵前献花。像这种事很多人都会做,但是,他们只会做到此为止。然而,一周后,在花将枯萎时,田中却没有忘记再送上新鲜的花。遗属在把枯萎的花扔了时,灵前总会有些凄凉,恰在此时,田中又送来了鲜花。遗属的心扉为他的这种真诚再次打开,心弦被大大地震动了。田中做此事时非常地自然,可以说他把握住了良好"时机"。

另外,给司机小费时,如果让人看见了,这会成为司机内心的负担。司机打开门后,秘书先下车,手里握着张事先折得很小的纸币,偷偷塞到司机开门的手里。来迎接的人都完全不知晓刚才有什么发生过,司机也没什么负担,内心自然很是感谢。

田中毫无保留地将这种做法教给了秘书,这就足以说明他是如何重视"时机"了。

另外,田中的演讲也可以说是掌握住了"时机"。

田中小时候曾经患过口吃,虽经治疗,但在演说的时候有时仍会打哏,这是口吃留下的痕迹。这种时候,田中都会把下巴使劲往斜上方一抬,嘴里"嗯——"着,好像在寻找下一个词。但是,这个"嗯——"在他的发挥下,对听众来讲成了美妙的停顿,为田中

的高明演讲增色不少。

田中晚年经常这么劝告田中派的年轻议员们注意他们的政治态度和政治行为：

"人生处处都是'时机'，像你们那样一股脑儿地勇往直前是不会前进多少的。不知道把握'时机'的家伙是无可救药的。"

从前艺人们中间也有两个人由于谈话注意"时机"的运用获得了无数人的支持，他们就是涩谷天外和藤山宽美。"时机"的恰当运用使他们的技艺放射出更亮的光芒。

另一方面，在这个世界上还有不少人把握不好跟他人之间的"距离"的尺度。

这种人根本就不明白对方在想什么，打算和自己保持多远的距离，所以自己就一个劲儿地大谈特谈。对方因为跟他保持着"距离"，所以就会很厌烦这些话。这样，一个人走了，两个人走了，如果面对的是许多人，那么绝大多数人就会因厌烦而离去。

田中是怎样把握这种"距离"的呢？

以前属于自民党田中派，现在在自由党内任国对委员长的二阶俊博在当上众议员的第一年，曾经说过这样的话：

"昭和 58 年的大选中初次当选的 34 名自民党人成立了个'五八会'。嗯，目的是为了让各派的领袖、干部们知道我们的名字和面孔，为此还举办过几次活动。有一次把当时已从总理位子上退下来的田中角荣先生请来了，他让我深深感到，哎呀，就是跟其他人不太一样啊。

当时我们大家胸前都别着名字牌，田中先生依次坐在每个人面前，跟我们这 34 个人都交谈了一会儿。对自己派别的人只说了一句'我知道你'就快步走过去了，但对其他人，他会看着那个人胸前的名字牌，嘴里说着'是××君呀，你父亲是这么一个人……''××君，这次选举不容易啊，你干得不错。''××君你是不是跟××君在同一选区呀？'等等，原来他事先对每个人都做了周密细致的调查，这真让人大吃一惊。其他被请的领导、干部们，充其量也就是跟三四个人握握手说声'恭喜了'就走了，而田中先生却没有丝毫的怠慢。对我们这些刚当选的议员们也这么一丝不苟，在接触时保持的若即若离的'距离'恰到好处，给人留下很深的印象。"

还有一位另一种意义下的把握"距离"的高手，他就是小渊惠三。

那是在田中派的大干部竹下登在派内成功地成立了自己的新集团"创政会"时的事了。以小渊所做的贡献以及竹下对他的信任，他当然该坐上新集团副会长的位子，但是小渊却让给了别人，自己没坐那位子。自己不执著于某个职位，这本是小渊的本色，但在后来竹下政权诞生时却出现了这样的说法：

"小渊正因为把位子让给别人，才转而做上了新集团的总裁。刚刚诞生的竹下政权中的重要位置对任何人都具有极大的诱

惑力,谁都想在这个新政权中谋个一官半职的。但是,这退一步的'距离'感使小渊重又得到了竹下的信任,在竹下内阁中轻而易举地坐在了官房长官的位子上。由此可见,小渊跟别人保持'距离'的能力是超群的。"

现在的年轻人经常肩上挎个大包、背上背个背囊乘电车或在街上漫步,他们中的很多人都不跟他人保持些"距离"。他们根本没打算留出些'距离'。他们让背包碰了别人,是因为他们根本没有考虑到在满员的电车里,那些被背包压迫胸部的人有多么难受。

跟别人保持多远的"距离"好呢?这很让人头疼。对年轻人来说,这是他们步入成人社会前必经的"礼仪"课程。在这方面不少年轻人还完全不合格。

如果不能正确估算自己的"半径",那么在社会这个圆圈中,不论干什么都没有人会理睬你。

级别越高,工作越少吗?

这好像是日本独有的特征。

特别是在商业界里,地位越高流得汗就越少,这好像已成了一种普遍现象。当上了部长就坐在大办公桌后面只管盖大印;当了社长、专务董事或其他董事后就有了自己的办公室,白天开会,晚上出于"公务"的需要每天都要出没于酒店、俱乐部等地。总之,上面的人能够率先垂范,让下面的人看看他们大汗淋漓的样子,这样的情况已经很少见了。

但是,经济能力号称世界第一的美国就大不相同了。

两个优秀的经营家同时也是美国通,他们曾经这样谈及日美两国在这一方面的差别:

一个是"世界的索尼"的索尼公司原社长盛田昭夫。

"人们都说日本人地位越高,工作干得就越少。从普通职员到股长、课长、部长,随着地位的逐渐升高,每高升一点儿就觉得离神仙更近一步了。因为离神仙越来越近了,所以工作强度也自然减轻了,也就自然想舒适起来了,他们觉得这也是理所当然的。即便是社长,即使公司业绩不好,也一直在社长位子上硬撑着。把总公司的存货硬推给销售公司,或者隐瞒赤字,这都是家常便饭了。所以,即使业绩不振也能够满不在乎地当他的社长。结果,当形势变得再也不可收拾时,有一天就会突然出现破产的恶劣局面。

"在美国,普通职员一到下班时间就都赶紧走了,董事级别的人每天都要留下来工作到很晚,这是常事。当然,因为他们都工作得很卖力,所以就能够堂堂正正地向公司提出要求:自己的工资现在只有这么少,既然我工作这么卖力,你就得再给我加工资。如

果公司不答应的话，他们就会跑到别的公司去。他们主动强调考勤也是因为可以根据这个来与公司进行报酬交涉。要想保障自己的权利，首先需要别人的评价。

"这是一个互相之间拼个你死我活的竞争的世界。可以这么说，拿高薪的美国的董事比起同样也拿高薪的日本的董事们，紧张感更强烈，工作的时间更长、强度更大。"

另外一个人是堤义明，西武铁路集团的统帅。这位可以说比盛田还要严厉得多。

"如果想休暑假，就从管理职位上下来好了。如果站在客户的角度上去想的话，就不可能首先考虑自己的休假而不考虑我们的客户。要想完全称职就不能休假。如果不愿意，那让你做管理职务就很勉强了，你还是给我辞职从一般职员开始干起吧，就是这么简单。职务改变后你就可以好好休息了。

"你们看看美国人，社长们全都在拼命努力。如果当社长5年了胃却还好好的，大家都会怀疑这个人到底在干些什么工作。"

为此，人们都传说在西武铁路集团里，有的管理级别的人，适应不了堤总的严厉要求，压力过大患上了肝病、糖尿病，身心都疲惫不堪而变换了岗位。但是，堤老板讨厌这种"虚弱型"的职员。西武铁路集团喜欢雇用那些运动员、体育系的学生，这反映出了"堤总的口味"，那就是第一重视体力，第二是喜欢性格坚毅对任何事都能持之以恒的人。

因此，当人们对他的所谓"管理人员全年无休假"的理论进行批判的时候，堤总却满不在乎地这么说道：

"因为大体来讲，职员们时间长了就会病上那么一次两次，不能来公司上班。得病的时候，好好休息休息不就可以了嘛。"

真是严厉之极。

在政界也是同样，地位越高工作就应干得越多，这是理所当然的。对此率先垂范、付诸实践的又是田中角荣。

隐藏在田中其人内心深处的行为规范是第一章中已谈过的对"列宁主义"的实践。列宁在说服大众前都要亲自率先示范，遵循的是通过自身实践来进行诱导、说服的原则。光说教一番就完事的做法是不会有什么效果的。

所以，对那些有政治家志向的人或者新当选的议员，田中一定会这样苦口婆心地向他们传授经验：

"你们不要以为光在选民前做做演讲他们就会追随你。要走遍选区的每一个角落，先了解一下选区的居民们最渴望的是什么，最感头疼的又是什么。总之，去走走吧，走一走，听听他们在说些什么。但是，仅这样做就算完事的人只能成为一个普通的众议员。对众人的迫切愿望或困难，要率先给出一个满意的结果。没有结果，政治又从何谈起呢？只有把它们变成现实，这才是政治家。不管你干过多少任众议员，在这一点上绝不要草率了事。别管年龄多大都要努力流汗，这才是政治家。"

田中一生都在亲自实践着这一点,从未马虎草率过。

在位于东京目白的田中的府邸里,每天早晨会来几百人次的请愿者,田中会全部接见他们。对于他们提出的要求,能答应的就答应,不行的就拒绝。其中也有一些从新泻选区来的大爷大妈,他们来只是为了见上田中一面。

田中有时也会身体不适,得个感冒什么的。这时候,秘书会劝他说"大爷大妈们来只是为见您一面,您还是好好休息一下,别见他们了吧。"这时田中会坚决地说道:

"正因为这样我才要见呢,你不明白这个道理吗?不能不理睬他们。"

也许是出于这个原因,以往田中派的聚会,出席率高得让其他党派望尘莫及。任何事都有头儿田中率先垂范、兢兢业业地做着,所以田中派的议员们也都向他看齐努力地工作。这可真是"强将手下无弱兵"啊。

"不能坐吃山空"这句话也被田中角荣当做宗旨。地位越高工作越多,这是理所当然的,部下对这样的上司也不会偷工减料、马虎应付的。

"正统"不可抛弃

有些时候,你可能由于跟上司吵了架,而不得不徘徊在去留的十字路口。到底要不要辞掉工作呢？有时会因一时的感情冲动而不得不离开公司，有时也会因为"正统性"的约束而等待结果。

所谓"正统性"，指的是即使跟上司吵架了，也会尊重这个公司的历史，遵守其经营方针，不论公司内部权力关系如何变化，自己都不会因此而改变立场，而是默默无闻地委身于时光的流逝中。那样的话，即使出现什么复杂情况，过不了多久事情就会向着对自己有利的方向发展，就像水往低处流一样。

也有人过于依赖"正统性"，而未能如愿，其中一个就是继承了今天的自民党加藤（宏一）派前身的池田（勇人）派，后又代表前尾派准备夺取天下的前尾繁三郎。这人起家于大藏省，因做事很不着边际，所以得了个外号叫"黑暗中的牛"。但是，他业务能力超群，进入政界后，相继担任了自民党内的干事长、总务会长，内阁中的法务大臣和通产大臣，北海道开发厅长官等，后来继承了"保守派主流"池田派，翘首以待首相之位。

但是，首相之位没有光顾这位过于依赖"正统性"的前尾，最后他只当了个众院议长。这位前尾总是很超然，这固然不错。但是，他对任何事都十分慎重，"任何事如果有30%的地方不明确就全部中止"，这是他的一贯姿态。他擅"守"，但不擅"攻"。这里所说的"攻"，并不单单是指超越"正统性"的行为，而应像"鸭子划水"一样，即为取得周围人的赞同和支持而流汗出力。总之，前尾是一个袖手旁观的、没有任何主张或计策的人。周围的人是不会响应一个不去流应流之汗的人的。前尾没过多久就被大平正芳（后任首相）夺去了派内的主导权，首相的宝座也从家门前一溜而过了。

与此相反，有一个人一方面顽强地主张这一"正统性"，忍耐、忍耐、再忍耐；另一方面，为了取得周围人的赞同和支持，他使出了浑身解数去"关心"别人，坚持流汗出力。这个人就是竹下登。

竹下为继承田中派这一大派倾尽了所有精力，他不顾田中角荣的咒缚，取得了田中派议员压倒多数的支持，成立了竹下派，并最终坐上了首相宝座。

竹下对"正统性"的固执程度，从他在田中角荣病倒后跟田中派分裂以及他与自命为田中心腹的二阶堂之间为继承田中派而进行的激烈对抗中可以看出。

田中派分裂有这么一个背景，这实际上是"旁系"议员和"直系"议员混杂的田中派内，围绕"正统"与"异端"所进行的一场轰轰烈烈的权力对抗。以田中派的"正统"自居的二阶堂时常把据说是田中名言的一句"下任田中派总裁候选人是你"当做圣旨。支持他的人多是些原本是无党派或是中间派，后来加入田中派的"旁系"人士。而竹下帮呢，多是些田中派锻炼出来的"直系"。在此意义上，竹下主张的也是"正统"。这真是一场"真正统"与"假正统"对抗的派别继承战啊。

竹下为了坚持"正统性"，一面忍受屈辱一面倾尽了全力。

田中病倒后，竹下虽然被田中清理出门户了，但他仍然忍辱尝试着去位于目白的田中府邸拜访。另外，他租住在他的老师原首相佐藤荣作在东京世谷的旧宅中，也是由于有佐藤派事实上将衣钵传给了田中派这个原委。这也可以说是竹下执著于田中派"正统"的一个表现吧。

同时，竹下派后来改称为"经世会"时，竹下做过不断的摸索，也想过以田中派的旧称"七日会"来自称。最后，尽管未能如愿，但他的干劲更加深了人们对他执迷于"正统"的印象。

就这样，不久之后竹下反过来把对手二阶堂进逼成了"异端"，以田中派"正统"的形式坐上了首相之位。

自民党竹下派属下的原众院议员船田，在竹下于昭和60年（1985年）2月在田中派中成立了自己的集团"创政会"而导致田中派分裂，变成竹下派的过程中，曾说过这样的话：

"关于田中派的总裁候选人，田中派中任何一个人都想知道田中角荣先生本人的意思。如果他的意思很明确的话，大家都会遵从田中先生的意见，这样田中派的分裂就可以避免了。但是，据说田中先生说'（田中派）不让竹下继承'时正值创政会成立。在田中病倒后，关于此事也就无人问及了。"

二阶堂进声称的"圣旨"也早已无法查证了。假设田中看到了分裂前的田中派的大势的话，也许他会做出"让竹下接班"的决定。我想这可以说是将"正统性"坚持到底的竹下的"忍耐力的胜

利"。

狂言"和泉派"的年轻掌门人和泉元弥,因主持咖啡的广告节目"知晓极品的男人"而闻名,他曾在某杂志上说过这样的话:

"坚持正统是一件极其光荣的事。我也想将'正统性强的艺术'坚持下去,因为这毕竟是传统艺术啊。"

这句话不能小看了。作为狂言界的"希望之星",他是很有辨别力的。尽管他年纪轻轻,却已洞悉在这个"传统"已经散发着霉味的日本社会里,"正统"的好处之所在。

光用"交际费"吃喝的人是废物

钱如何使用、如何用光,可以说是再难不过的事了。的确,"能用好钱才算是个够格的人",不会用钱就会让人看不起,反过来会用钱的人就会让人高看三分,真是不可思议。都说男人"气量"要大,其中一个衡量标准就是是否会花钱。

一般来说,在工薪阶层的世界里,它表现在如何喝酒上。

简而言之,我们应该清楚光用公司的交际费吃喝的家伙很快就会变成废物。当然有时也会有纯粹的、不得不应付的接待,但是如果是自己去玩就要自掏腰包。

这是为什么呢？用交际费吃喝，当然不会减少自己的收入。因为是在"安全环境"中吃喝，没有任何思想压力，这样怎么能锻炼自己呢，更谈不上从中汲取经验教训了。如果是从微薄的收入中挤出点钱去喝酒的话会是怎么样呢？自己喜欢的那个女招待也不理睬自己，只能一个人喝苦酒，内心充满了遭人遗弃的伤痛。这种内心的伤痛，是绝不会留在公款吃喝的人身上的。如果用的是"交际费"，他顶多只是感叹一句"这样献殷勤的女人肯定靠不住啊"。

总之，像这样总是用不属于自己的钱在"安全环境中"玩乐的人是不会长什么本领的。人如果没有经历过势均力敌的比赛或真正血肉横飞的战场，也就不会有"欲望"。有"欲望"的男人之所以受到接客的女人们欢迎，也是因为他们能够理直气壮地把自己装有拼命挣来的钱的腰包掏空。这是因为"欲望"自然而然地显露出来了。缺乏"欲望"的人，称不上"风流"，而"风流"有时又能使人看起来更高大。

与此相反，还有一种"敲诈专业户"，最近在媒体中闹得沸沸扬扬的倚仗权势的高级官僚们就是个好例子。他们都是些不值一提的人物，绝不会自掏腰包。就连回家的车费，也要让企业从交际费中出，这些人都是废物中的废物。他们回到家后跟家人讲起话来一本正经的，到了机关也总是挺起胸脯端坐在那儿，有时还摆出一副仁慈的面孔。

这种男人只会以头衔和职权为后盾大吃大喝，出了酒店后，对于女招待在背后骂他们一钱不值的话，很可怜只有其本人没有听到。真是太悲哀了。这种男人可不中用，他们没能得到磨炼。

不用说，田中角荣是个花钱高手。

有这么一段小故事。

大臣们有一项"机密费"，各省厅的大臣、长官都可自由使用，就好像是公司里的交际费性质。根据省厅规模大小，其预算也不一样，从每年几千万到上亿日元不等。

历任大臣、长官中可靠的人并不少见，但是也有很多人都把多半数额的费用挪作私用。所谓挪作私用，就是为了自己政治活动的需要，也就是为了扩充自己的党羽，即使没什么必要，也要在酒店里大吃大喝。更有甚者，还有传闻说这些钱有的还给了相好的艺妓当了零花钱。政治家进入内阁的好处在于跟相关业界有了关联，政治资金拿得更容易了，有利于选举。另外，还有一点不容忽视，那就是可以随意使用这个"机密费"了。

田中39岁时当上邮政大臣，后来又干过大藏、通产大臣，可是对于这个"机密费"，他自己从没有直接动用过一文钱，全部都交给了次官等下属，并且还嘱咐他们"有需要的时候就用吧"，允许他们自由使用。也难怪官员们高兴了，可以大吃大喝，对部下也就有了好脸色，这都得感谢田中大臣呀。

而且，田中还尽量自掏腰包。孟兰盆节、岁末，他都会自掏腰包给次官、局长，甚至课长们发"奖金"，数额从百万日元到几十万日元不等。另外，这些人去国外出差时，他也会递给他们一个"白信封"。而且，最让人吃惊的是，他从不要求对方给任何回报。

另外，被别人请去喝酒时，他常常会说："好久没吃到这么好吃的饭菜了。"临走时经常留下一个装了50万或多少万日元的信封，由秘书交到老板娘手里。秘书一定会添上一句"这是田中给我的，请分给大家吧。"意思是不仅包括艺妓、厨师长，就连女招待、普通厨师们，甚至连看门的老大爷都要给。女招待、厨师、看大门的老大爷过后自然会为田中的关怀而感动一番的。

因此，田中的人气旺有一个特点，不仅位于社会上层的人们，就连许多默默无闻的普通老百姓也都支持他。

如果说田中是因为自身有这个能力才那么做的，那就无话可说，不愿这么干的人即便有能力也无济于事。这种做法的好坏姑且不论，至少官员们不久就被收入田中关系网，"霞关"也是田中人际关系形成的背景。田中洞悉的是人性最弱的地方。

当然，"霞关"的官员们也不都是只为钱而动的，更多的是为田中那卓越的政治能力而倾倒的，这些就不用再多说了。

钱如何花法，好比一把"双刃剑"。拿钱的一方当然会有心理负担；花得不好，会被人笑话，这就需要花钱的一方多加用心了。

钱花得高明，才称得上是一个够格的人。玩乐时自掏腰包，这种经历我们要倍加珍惜，特别是年轻人。它不久会变成重要的资源，现在只不过是为将来心理沟通所交的便宜的学费。光用交际费玩乐的家伙们，毫无疑问会成为废物。

第四章

所以人们才会追随而来

难以效仿的"体贴"之术

原首相竹下登作为"协调型领导人"在历任首相中无人能及,能够继承并把其发扬光大的是其弟子小渊惠三首相。

竹下登这位政治家,继承了在"三角大福中"(三木武夫、田中角荣、大平荣作、福田赳夫、中曾根康弘)这一激烈的权力抗争中胜出的实力型首相的衣钵,在此意义上奠定了其最终的候选位置。退位后,对之后的宇野宗佑、海部俊树、宫泽喜一、细川护熙、羽田孜、村山富市、桥本龙太郎,以及今天的小渊惠三等首相的

"诞生"仍有着或大或小的影响。作为"首相制造者",竹下长期对诸多内政外交政策发挥着巨大的影响力,对在野党也有一定的影响力。从这几点来看,他是一个可以跟田中角荣相匹敌的实力派人物。

现在竹下虽是疾病缠身,但在此之前,在政局中重要政策推行的各个关键阶段,政经界要人们都或明或暗地期待着竹下的"指示"。这张宽大的竹下关系网遍布全国的各个角落,竹下通过发挥它的作用,使自己成为"政界首屈一指的选举灵通人士",被看成是"选举之神"。说他跟过去的田中角荣酷似并不为过。

惟一一点跟田中不同的是,田中在对周围的人关怀体贴的同时,又会在适当时机发挥他那强有力的领导能力,是一个"英雄型的领导";而竹下呢,直到最后都会对周围的异议容忍、将就,他采用独有的忍耐哲学使事情实现"软着陆",是一个彻底的"协调型领导"。

首先,竹下没有训斥过别人。毕竟他以前都从没有骂过孩子、嚷嚷过夫人,更别说什么骂别人了。说起来,他就是"和平主义"的化身。

众院副议长渡部恒三从前是自民党竹下派的,他说过这样的话:

"我曾经听竹下君的千金说过,'父亲常对我说不可以发火,要忍耐,不要给别人添麻烦,要做个好孩子等等。'因此,竹下君自

己决不会发火,也没听说过他说谁的坏话。还有,不管他内心多么不满,他也不会把对方逼到绝路上。在竹下派的成员里,被竹下君训斥过的人,也许一个也没有吧。他跟因为'给我七难八苦吧'一句话而闻名的出云(今岛根县)出身的山中鹿之助简直是一模一样啊(竹下也是岛根县出身)。"

但是,竹下的惊人之处在于他始终在寻找着妥协点,而且最后能让事态结结实实地落在自己所设想的"落点"上。拿棒球中的投手来讲,不是投快球啪啪啪三投得分,而是巧妙地投出变幻莫测的角球来取分的那种类型。他不是实力非常突出的选手,但可以说是一名非常用心的选手,通过自己的苦心,最后让对方败北,在赛季结束时照样赢得了15胜到近20胜。

竹下领导能力的核心不在别处,就在于他的发挥到最高境界的"体贴"术。

关于这一点,和竹下是"盟友"关系的原副首相金丸信曾这样说过:

"听人开玩笑说过竹下是'靠四下体贴、四下张望、四下分钱夺取的政权',但他身上有别人绝对模仿不来的地方。因为他跟我是同期的(同于昭和33年初次当选),所以我对他的事看得很清楚。总之他的'体贴'非常细致,在这种'体贴'下的'准备工作'做得很好,因此,很受佐藤(荣作)首相的喜爱,年纪轻轻就坐上了官房长官的位子,让我感到羡慕,甚至有些嫉妒。还有,他制定的国会对策,也是无与伦比的,这也正是他到今天为止的所有言行都受到在野党信赖的原因。

"虽然他不是那种事先有决断的类型,但一旦决定要怎么做了就会慎重地去做,最终让事情如自己所愿,这种能力很是了不得。他构筑'和平政治'的过程可以说是百里挑一的。"

竹下是这么评价自己的领导能力的:

"我觉得自己是'家康型'的政治家。也许我受了老师佐藤首相的熏陶,完全掌握了他的'等待、接受'的做事方法。佐藤先生经常对我说:'人只有一张嘴,却有两只耳朵,别人的话要双倍用心来听。'这句话我已铭刻在心,并且直接贯彻到实际行动中去了。习惯成自然说的是意见一致论者,但是,这种类型在得到结论前花费的时间过多,往往被人说是过于优柔寡断。所以我尽管是个意见一致论者,但却认为重要的还是老老实实把事情落实到行动上。我认为踌躇、逡巡是指挥官最应该警惕的。"

正因为此才会有人追随竹下。

总而言之,竹下的"体贴"之术绝对值得花时间偷学,这跟田中角荣的人心收买术有相通之处,可以说它是指挥人、利用人的最大的诀窍。"让人意识不到被管理的管理术"可以说是竹下型领导能力的精髓。

竹下还说过这样的话:

"我做任何事都是以'别以为靠的是自己的力量'的想法为前

提去做的。"

竹下的弟子小渊也沿袭了"竹下式"做法,就是他那有名的电话战略。听到一语中的的称赞或批评后,他就会直接给那个人打去电话:"非常感谢!""非常值得我参考。"

在平成11年春季的参院预算委员会上,竹下回答了在野党中的民主党年轻议员的提问后,又给那位议员本人去了个电话,议员很是感动。

"我是小渊。辛苦你了,今后还得靠你这样的年轻人啊!"

这就是支撑其政权"怪异进攻"的"体贴"战术。

竹下式的"体贴"战术的高明之处,将在下文继续进行分析、验证。

▌讨对方的喜欢

"国会对策委员会(国对)也是一个'汗水要叫自己流,功劳让于别人手'的地方。自己不流汗却把最终的好处一下子就拿走了的人,我觉得不怎么样。可以有自我表现,但'国对'应对此做出正确的评价。不管是执政党还是在野党,看一个政治家水平如何,最好的办法就是让他干干'国对'的工作。

"我觉得我这一生实在很幸运,几乎没回过选区拉选票,但一次也未曾落选过,每回都能当选。我觉得这是父母兄弟、亲朋好友、秘书等支持者出力流汗的结果，绝对不能以为靠的是自己一个人的力量。所以我总是将'别以为靠的是自己的力量'铭记于心。"

这些是竹下登亲口所言。支撑竹下式"体贴"的最大的精神支柱在于"汗水自己流，功劳让别人"，换言之，就是"讨对方喜欢"的做法。

竹下在佐藤（荣作）内阁任官房长官后不久，把手下的佐藤派的新任议员们召集在一起，成立了个名叫"如月（阳历2月）会"的学习会。在这个学习会上，竹下给新任议员们传授了政治的入门知识，告诉他们"不出席委员会的家伙是不会有发展的"，"有些人在自民党的会议上发完言就退席了，发言如何姑且不谈，自始至终都出席才有意义"。总之，他极力主张多听别人的意见才能大有收获，认为不明白这个道理的家伙愚蠢之极，作为国会议员是不会有发展的。另一方面，他还费尽唇舌、苦口婆心地嘱咐道："汗水要自己流，但是，功劳要让给别人，对待任何事都要如此。说不定哪天，你会得到回报的。"

举个例子。

昭和62年（1987年）11月，正当竹下内阁成立之初，竹下亲自对在原中曾根（康弘）政权下任党干事流汗出力的人进行了选拔，结果让11个人进入了内阁。

除了起用曾任代理干事长的宇野宗佑为外相之外，还让曾任

副干事长的梶山静六、粕谷茂，做过国民运动本部长的中山正晖，任过广报（宣传）委员长的石原慎太郎等加入了内阁。在这些人中间，有几个人，比如石原慎太郎等并没有觉得这个继承了田中派的竹下有什么好。但是，竹下对此置若罔闻，仍然进行了提拔。

本来，竹下对中曾根政权中的骨干"流汗出力"这一点就给予了好评，同时，通过采用这种手法也给了前任首相中曾根很大的面子。这以后，石原等被竹下的这种"气量"完全折服，他们邀请竹下参加了他们的政策集团"黎明会"主办的研讨会，跟竹下完全成了一家人了。这正是竹下手段的高明之处。

另一方面，人们常说竹下"语言明了，主旨难测"，即使在国会答辩时外行们也常常搞不懂他到底要说什么。就连政治专栏记者也感到意思不明确，而经常绞尽脑汁地琢磨他的真意何在。

"然而，事后仔细分析一下他的答辩，你就会发现他其实是在讨提问的在野党议员们的喜欢。当然，答辩重点也牢牢地扣住了。"

讨这些在野党即对手的喜欢，这是竹下一贯的手法。在他任官房长官时，也有过此类事情发生。

那是在昭和46年（1971年）第三次佐藤内阁中，仅半年时间里，阁僚就有四人由于失言而辞职，这真是前所未闻的事态。政权处于危机关头，但是最后佐藤政权得免垮台。

一位自民党资深议员说："在幕后跟在野党交涉、负责自民党内的协调工作,这可以说是竹下一人独当。竹下平素的'讨对方喜欢'在此得到了巧妙表现。"

这并不仅限于政治家。

竹下有句口头禅是"各司其职"。意思是,有时不一定非让政治优先,给作为合作关系的机关、官员也留些工作,给每一个工作岗位都留下相应的业绩,这些都是出于"体贴"。也就是说,让大家都明白一项工作应该由大家来协调进行,在此基础上才能取得成果。官员们都知晓这一"体贴",因此,竹下对"霞关"的影响力超群,可以说以大藏省为首的官厅没有一个敢毫不客气地对竹下说"NO"。

竹下的"体贴"还有一个特征,就是像中药那样过后才会缓缓地产生效力。

▎小气鬼没有说服力

前面曾经提到过竹下登收买人心的特点是"四下体贴、四下照顾、四下分钱"。的确,竹下是在四下分钱,但那不是胡乱地到处花钱。他重视的是"有效地用钱"。

举个小例子。

政治家最难过的时候莫过于选举时了,因为那时耗费的资金简直能让人吐血。那绝对是把家里的抽屉都翻个底朝天,一个铜

板儿不剩地全都投进选举中了。因此,最可怜的就是做老婆的了,有时甚至连生活费都被掏走了。这时,竹下的"绝技"就有了大显身手的机会。

在选举之际,竹下也会不惜代价在资金方面给候选人以支持,但他的"手法"与别人不太一样。他会瞒着候选人,往那人夫人的银行户头上每个月汇上一些钱,而且还会嘱咐她"别告诉您丈夫,如果他知道了,就会拿去还选举时借的钱了。留着备不时之需吧"。夫人们真是喜极而泣,心弦都被深深地触动了。而且,这不仅限于自己的派系内部,即使是对别的派系或在野党,以及其他有交情的人也是如此。因此,当竹下一旦有什么事时,这些夫人们就会说:"那时竹下君曾帮过我们呢。"听了这话,在野党或其他派别的人还会再给竹下脚下使坏吗?此时,他们才会恍然大悟"是这么回事呀",转而会帮助起竹下来的。

竹下用钱的方式就是这么出奇、高明,和前首相田中角荣在这一点上能力相当。因此正应了那句所谓"没有人愿意听小气鬼说教"的话。

有一个人效仿了这种手法,他就是现在已不当议员的前劳相(劳动大臣)山口敏夫。山口以前曾和河野洋平一起从自民党中分裂出来,成立了"新自由俱乐部"。

一名政治专栏记者说:"山口在新自由俱乐部任干事长时,一到选举就会把该党候选人的夫人们邀请到自民党总部附近的中餐馆,请她们吃饭,对她们进行慰问:'马上就要进入选举战了,夫人们真是辛苦了。'散席时还会让她们带包中国包子回去做点心。据说还会塞上一个装有百万日元钱的信封。

"山口告诉她们:'这个,诸位千万别交给您丈夫。这 100 万要用在选举上那可是眨眼就没了。但是,要是夫人您拿着,比方说当搞竞选活动的人回家迟了时,就拿出两三万日元,让他们回家路上去小酒馆喝上一两杯再回去,这可就顶大用了。无论怎样也绝对不能交给选举的当事人,你们自己留着吧。'夫人们全都高兴地流下眼泪。难怪不久新自由俱乐部实际上成了'山口派'了。"

钱这东西,也是个麻烦。用得好了,会让这个人显得很伟大;用得不好,煞费苦心地把自己的积蓄倾囊而出,却反而会让人觉得很渺小。特别是实业家要得到部下信赖,使企业最终得以幸存,最重要的就是用钱要用得高明。这正是"没有人会听小气鬼说教"。

此外,一个人除了在工作上的能力差以外,还有三点会作为不光彩的事被列入公司的黑名单,那就是酒、女人和金钱。在酒和女人上的失败随着时间的流逝,会失去时效,有时反过来还会被当做"英雄行为"产生积极的作用。但是,只有金钱上的失败,可以说是一个致命伤。盗用公款、吃回扣这些不正之风在任职期间绝对不会失去时效,要是再有"他花钱太小气"之类的传闻流传开来,那上司、部下们一定会跟他保持距离的。也就是说,这个人很

难在公司站稳脚跟了。

竹下对待这件事的做法又跟田中角荣一模一样。

关于田中角荣，流传着这么一段"插曲"：

有一个众院议员，为了选举的善后工作，突然急需300万日元。那个议员觉得应该去找他所属派别的头儿大平正芳首相。当时，他有点儿犹豫，如果提出要300万被压到200万怎么办呢？这也不是不可能的事，最重要的是，没300万可不行。思来想去没有结果，于是他就去田中角荣那儿讨教去了。田中听完他的话，一下子就拿出500万日元放在他面前。他因为一直想的是300万，所以吃惊得瞪大了眼睛。田中只说了一句话："剩下的钱，请那些为选举操劳的伙计们吃点什么好吃的吧。"议员那天晚上蒙在被子里哭了。

不用说，那位大平派的众议员终生都没有在田中面前直起腰来。

晚年时，田中这样说道：

"钱嘛，接受的人会成为负担。不明白这个道理，很难有人追随你。"

竹下也说过这样的话。

"钱这个东西，重要的是给的时候一定不要让对方感到勉强。我的金钱观就是我从老师佐藤（荣作）那儿学到的。敛财的时候、赠予的时候都要选择那种最不让对方感到勉强的手段。"

人所有的主观行为，都是在"心理战争"中进行的，这一点我们不应忘记。

触动"心弦"的强度

竹下登的"体贴"有一个最大的特点，就是每一次都会深深地触动对方的"心弦"。对方为此会眼眶一红，心就被紧紧地抓住了。本来，"体贴"的本质就在这儿。

举个例子。

这是发生在昭和40年7月投票的参院选举运动期间的一件事。当时，竹下任官房长官，田中角荣任自民党干事长。正当田中为竞选声援演说从山口县经竹下的家乡岛根县前往岛取县之际，发生了这么一件事。

田中一进入岛根县，当时竹下为了声援当地选出的自民党候选人，早已回到了岛根县，在与山口县交界的津和野（地名）迎接田中干事长一行。竹下坐上了田中干事长车前的开道车，驶上了日本海沿岸往京都方向去的国道9号线。

紧跟在竹下后面的田中往车窗外一看，发现路旁的水泥电线杆上，每隔几根就挂着一块牌子，上面写着"欢迎田中角荣干事长"，牌子好像一直排到了远方地平线那里。不久车子行驶到了米子(地名)，队伍稍事休息。由于米子属岛取县，对竹下来说是"外

县"了,所以竹下的向导任务至此结束了,那些欢迎牌子一直绵延排到这里。

休息时,田中问竹下:"那些牌子都是竹下君你安排的吧?"竹下微微一笑:"是的。"

"排得很长啊。你到底做了几万块呀?我的游说日程最多是10天前定下来的,怎么可能造出几万块呢?"田中很是惊讶。竹下这才解开谜底:"就连干事长您也看不破我这点小把戏吗?"

所谓的谜底就是——

牌子实际上还不到1000块。刚开始先把这些都挂好,但是,过不多远就没得挂了。于是把牌子快挂没的地方定为田中的街头演讲地。田中在那儿开始演讲了:"诸位,我是田中角荣……"就是瞅这个空儿,竹下后援会的青年部成员们分别乘上十几辆卡车,把前面那些牌子依次回收起来,趁田中演讲的空儿,把它们再插在田中要去的前方路旁。牌子就是这样被反复使用的。

跟田中干事长同行的当时的政治专栏记者这么嘟哝道:

"田中先是因为竹下的智慧和体贴而深感佩服,拍着竹下的肩膀,说了句'那我是被你蒙骗喽',看着竹下离去的背影,田中为之深深地感动了。与此同时,也许是对竹下的这种触人心弦的'体贴'感到一种亲近的厌恶吧,过了一会儿,田中嘴角一下子绷紧了,面部表情变得僵硬起来。"

还有一个例子。

曾在竹下内阁中任邮政相（邮政部长）的中山正晖曾这么说过：

"我去官邸的首相办公室造访，'……这事，还有那事，不要忘了啊。'我听完正要走，只听竹下先生叫了声'中山先生'。'哎，有事吗？'我回过头去，只听竹下说：'你太忙了，要注意身体哟。'我不由得感动得要落泪了。只要是为了这个人，我什么都可以做。"

此外，还有个电话战术，这跟前面的小渊惠三首相一样。

在预算委员会上在野党议员挥舞着拳头进行了激烈的追问。当晚，竹下就给那位议员打去电话："哎呀，可让您刁难住了。不过您的提问真是很值得我借鉴，今后还请您多多指教。"在野党议员们听了首相的这一席话，也都为之感动了。

今年7月初，竹下正在住院。在自由党的国对委员长二阶俊博的授意下，职业棒球的大荣老鹰球团管理人王贞治给竹下的事务所里送去了一个签名球表示慰问。竹下在病房里听说了这事，就给二阶打了个电话：

"请转告小王，谢谢他的关心。你和古贺诚君（自民党国对委员长）都干得不错呀，辛苦了。"

竹下好似无意地对为"自自公联合"出力流汗的二阶、古贺两人表示了慰问，直接接电话的二阶更是感动不已。

众院副议长渡部恒三也说过这么一件事：

"田中角荣的记忆力很了不得，竹下也不逊色。在成为众议员之前任岛根县议员时，县厅课长以上的人名及其履历他一个晚上就能背下来。有时在地方上的自民党县分部露面时，常有普通职员满怀感激之情说道：'我都跟竹下先生10年没见面了，他还能叫出我的名字。'绝不会有人因别人还记得自己的名字而发火吧？竹下和田中一样，都是靠非凡的记忆力让别人崇拜的高手。"

平成11年5月，在东京日比谷的公众集会厅召开了一个由政治、经济界人士发起的大集会——国难突破国民大会。包括首相小渊惠三、前首相中曾根康弘、自由党党首小泽一郎在内的许多自民党、自由党的国会议员们都出席了。当时出现了这么一个情景：

这些国会议员们致完辞后，都依次中途退席了，只有竹下在冷冰冰的台上坐了两个小时，直到大会结束。

某位自由党的干部这么说道：

"这次集会有着为经济界'自自联合'鼓劲的意义。当其他议员们纷纷中途离席时，只有高龄的竹下先生一直坚持到最后。看到他的身影，某经济界人士说'真是让人感动'。这种体贴是在无声地表明自己是'自自联合'的监护人，让人为之百感交集。这是一个多么了不起的人啊。"

从"居于人下的生活"中汲取的智慧

"不厌烦居于人下的生活。"

"竭尽全力去做交给自己的工作。"

可以说,这也是竹下登在漫长的国会议员经历中所采取的一贯姿态。

说起来,竹下是一个有着长时间怀才不遇、打下手经历的政治家。

回顾昭和33年5月,初次当选的竹下在自民党中得到的第一个位子是国对(国会对策)委员。这个位子的工作至今没变,依然是在国会召开的那天早上8点前到自民党国对委员室内集合,然后被分派到议员人数不够的委员会里,充当"定额人员"。竹下做这个国对委员的时间很长。他就好像一个新职员,经常要跟前辈一起在公司里转悠,但很难得到一件像样儿的工作来做。

竹下坐上能有像样待遇的政务次官位子时,已经是昭和38年(1963年)12月、当选三次之后的事儿了。这次是在第三届池田(勇人)内阁中任通产(通商产业省)政务次官。可是要在今天,最快的有当选一次就当上政务次官的。

做完通产政务长官后,竹下在昭和39年(1964年)11月第一

届佐藤荣作内阁成立时,坐上了官房副长官的位子,负责在野党的工作。但是,在昭和41年(1966年)8月的第二届佐藤内阁改选时又从这个位子上下来了。从此,竹下迎来了真正的居于人下的生活——代之而来的是国对副委员长这个绝对居于人下的职位。那以后竹下在这个职位上呆了5年,一直为党务流汗出力。虽然侍奉过佐佐木秀世、长谷川四郎、园田直、塚原俊郎等四位国对委员长,但竹下总在副委员长位子上踏步,没能升任委员长。

但是,竹下在这段居于人下的生活中,创造出了自己独特的国对事务处理技巧。当时竹下的做法,在今天仍被自民党内国对的有关人员视作"典范"。

在此仅介绍其中的两点:

"要在国会里到处走动,哪怕磨薄了鞋底。"解释开来,就是在党内努力构筑和在野党之间的人际关系。

"要忘掉政策性。"意思就是忘掉道理,仔细听对方的辩解。即便你觉得很荒谬,也要侧耳倾听,这样才会发现解决问题的关键或让对方妥协的地方。

作为国对副委员长,竹下始终都以这种姿态亲耳倾听在野党的意见。

以前在佐藤派内的前辈桥本登美三郎(前官房长官)是这样谈及竹下的:

"说起竹下这个人,首先是个重情谊的人,没有一点马基雅维里主义(为达目的不择手段的强权统治方式)。即便是跟在野党的协商,也绝对不会依靠权宜之计或欺骗来巧妙摆脱困境。总而言之,他会诚心诚意地倾听在野党的辩解。即便在协商过程中线断了,他也有能力非常精心地把那一根根细细的纤维都凑到一起连接起来,而不是一下子就把断线重新打结系上。智慧和耐心,他总是靠这个来处理问题的。"

另外,当时在野党的资深议员也说过这样的话:

"竹下先生最了不起的地方,在于当他跟年长者或当选次数多于自己的人见面时,不管自己有什么要事,都会亲自去迎接。这说起来容易,实际上做起来就相当难了。一般人可能会因为自己是执政党的国对副委员长,就认为如果在野党有什么事,当然应该他们来找自己了,但是竹下却从没有这么做过。另外,在探寻协调点时,也不是按照自民党占七、在野党占三的比例,而是先从五五的比例出发。明知道不行,也要不遗余力地进行说服;或者就像夜市上减价出售香蕉,只要能让的就都让了,直到最后底限。这就是他的一贯姿态,他首先想到的是对方。"

与竹下相反,有一个人经常被竹下奚落为"爱发火、爱闹别扭、喜欢训斥人",他就是前首相桥本龙太郎。这位桥本,在后藤田正晴刚从官头儿变成众院议员后,就用"君"字直呼这位比自己年

长 23 岁的后藤田(在日本,称呼跟自己平辈或比自己年少、地位低的人时,常在其名字后加个"君"字)。当时很让后藤田窘迫了一阵。而要是竹下的话,即使是在当选次数很重要的政界里,也会用"样"字称呼的(日语中对对方的尊称,在姓后加"样"字)。所以,桥本没有像样的部下,眨眼间被从宝座上拉下来也是理所当然的事了。

这种作为国对副委员长居于人下的生活结束后,竹下仍然没能坐上好位子。

以后他又在田中角荣和桥本登美三郎两位干事长手下就任副干事长职位。副干事长也是个打下手的,功劳都留在了干事长手中。此外,他还曾在佐藤、田中两内阁中作为官房长官进入内阁,但两次都是"闭幕官房长官",没能显示出他的存在价值。后来,竹下又在三木(武夫)内阁中出任建设相,这是在假谷忠男大臣病卒前的紧急关头出任的。另外,在福田(赳夫)内阁里,尽管他内阁经验丰富,仍被委任了自民党全国组织委员长这一没有实权的职务。

他历尽磨难、终于得以真正出头是在昭和 53 年(1978 年)12 月,在大平(正芳)政权下任众院的预算委员长,次年 11 月第二届大平内阁中他坐上了大藏大臣的位子。也就是说,经过了长达 30 年的种种居于人下的生活,竹下终于挤进了政界的主流派,以至最终取得了天下。

这样看来，竹下的国会议员生活，可以说跟公司职员极其相似。有的人左迁至地方上工作，还有的人虽被留在总公司却被委以闲职。但是，也有人在所有职位上都能踏踏实实地建立业绩，不久被调回总公司，作为"优势股"继续发展。

竹下以"交给自己的工作就尽全力去做"的姿态度过了居于人下的生活并走向成功。是祸是福谁人能知呢？对于实业家来说，这该是条很合适的经验吧。

▎"浅显易懂"的功用

民主党代表菅直人最近被报道与女播音员有染，人气稍有回落。但尽管如此，有关舆论调查表明，其"首相期待值"依然雄踞前列，可以说人气依然很旺。

菅直人和鸠山由纪夫、鸠山由邦夫兄弟一起创建民主党时，他的人气还很低，为此，美国《华盛顿邮报》曾在国际版面这样抬高菅直人的身价：

   在集会时（菅直人）是一位与罗克斯特同样受欢迎的政治家。在第二次世界大战后国民对政治尤为不关心时，这无疑发挥了让人们振作精神的强心剂作用。

   他是年轻政治家们正在酝酿的新党的支持者。接下来的大选中，任何一个政党想确保票数过半都将非常困难，新党

握有决定性的一票。如果桥本(龙太郎)自民党把新党拉入联合政权的话,菅直人的人气及新鲜度将处于首相候选的前列。

但是,菅直人政治家的能力可以说到今天为止并没有完全表现出来。他只是在"自社魁"三党联合执政时被提拔为财政大臣,也很难说他曾在国会运营中留下过什么实际业绩。

可是,为什么他的"首相期待值"那么高呢?

说说看的话,此前的政治家给人的印象就像是给玄武岩的身体配上了金刚石的脸,给人一种过于魁梧的感觉。与此相比,菅直人那略带现代气味的面貌沾了些光;放下这点不说的话,在众多玩弄辞令说话兜圈子的政治家中,他包括言辞在内的所有表现难道不是"浅显易懂"的吗?

年轻人的言辞节奏较快,拐弯抹角地说话会让人觉得像是"老人语"而遭人厌。在漫画比小说更容易被理解的读图时代,这种浅显易懂至少比晦涩难解更能成为武器。

菅直人将这一武器发挥到极致,应该说是到了厚相(财政大臣)时期。

平成8年(1996年)2月,在菅就任厚生大臣不久,发生了艾滋病药物副作用事件。随着迄今为止应该"不存在"的重要资料的公诸于众,菅直人承认了厚生省(财政部)应对受害者负责,并直接道歉。之后,艾滋病药物副作用诉讼走向和解,菅直人以其"浅显易懂"的风格被赞誉为"桥本内阁的耀眼之星"。此后,菅道人继续向国民发射其"浅显易懂"的速射炮。

"(资料)如果闭着眼睛找的话是不会找到的,(即使找到)报到我这儿也是两星期后了。(厚生省)楼太高了,这也是没办法的事儿。不过,机关的词典上没有'错误'这个词儿真是不像话。如果出了错的话,就想把它涂成一片黑让人无法分辨。另外,即便是官员们每一个都很拼命努力,作为一个组织一旦决定了就不再打算改变了。自身不改变,反过来就会造成极大的不良影响吧。"

厚生省的官员们都面露不满,可是大多数国民都感觉的确如此。这种"浅显易懂"在之后的病原性大肠菌 O-157 出现时也同样起了作用。

厚生官员们为了收复因艾滋病药物副作用事件而失去的社会势力,首先做了个迅速反应,公布了感染源的"罪犯"是KAIWARE 萝卜。这一过急的说法最终被证明是厚生省的失误。为了更正国民视听,作为最高责任人的菅直人竟然在电视等媒体前吃了三盒 KAIWARE 萝卜来宣传其安全性。因此国民对于菅的带有嘲讽的看法打了折扣,他的这种浅显易懂的做法再次被多数人接受了。

从菅的这种手法可以看出他的素质,那就是由于进入国会前搞的是市民运动,他深知应调查清楚的是过程中的可疑点而不是结果,并应该把它告知国民来讨好大众。可以说他是一个深知这

种表演的微妙之处和效果的领导人。

还有一位首相擅长这种表演,他就是细川护熙。跟菅不同,比起过程来细川更重视结果,但是,由于"国民福利说"的提出强加于人的是突如其来的结果,所以,大多数国民都对他不予理睬了。

也就是说,菅和细川,尽管都有浅显易懂的风格,但菅更多的是止于过程而非结果,而细川则是要导出结论。事物本来就是简单明了的,但是如果用过于浅显易懂的方式去直接引导出结论的话,就会受到排斥,所以,只限于对过程进行浅显的说明是最聪明的方法。在这一点上,菅至少作为政治家比细川要强得多。

田中角荣经常用浅显易懂的语言来进行说明,当机立断,这一点是众所周知的。他说话讨厌拐弯抹角。跟前面的细川不同,他的话大多数都能被人接受,在谈话过程中自然而然包含了充足的说服力,这一点是无与伦比的。

"这儿,一步也不能退!"

就这么简简单单一句话,为什么不能退呢?由于平时思想上的沟通,田中派的每个人都能理解。一旦有事,大家就能团结一致,有条不紊地采取行动。

领导人应该始终用浅显易懂的话来说教。

"诚心诚意"的谎言
——真心话的研究

当然,撒谎是不可以的,这主要是因为它总有一天会被识破,而且还会破坏人际关系。

但是,同为撒谎,还有一种"诚心诚意的谎言",它在交涉事情时尤其有效。不可或缺的条件是首先交涉要有社会性,一定不要存着私心。被诚心诚意地欺骗了的对方,在斗争结束后,不会对自己被骗这事怀恨在心的。

深悉这一高超技术之奥妙的政治家是在昭和30年(1955年)11月15日促使当时的民主党和自由党合并(保守合并),结成了今天的自民党的有"谋士"之高誉的三木武吉。

在大正时代末期,三木还很年轻,但已被报纸定位为"宪政会雄辩三杰"之一了,另外两人是永井柳太郎和铃木富士弥。三人中尤数三木辩术高明,讲究辩论的策略运用。经常在势均力敌的双方快要全军覆没时出马是他的特色。

对三木来说,一生中最大的赌博就是这个"保守合并"。三木在政局安定这一大义面前,撒了个绝对是诚心诚意的谎。以大义,即社会性为前提的谎言,在任何场合都是会被原谅的,这是常情。

三木的"诚心诚意的谎言"是这样说出来的。

昭和30年4月,当时,鸠山(一郎)和民主党总务会长三木首先在大阪约见记者团时,发布了一个关于"保守合并"的"爆炸性发言"。发言中多次出现表示肯定语气的日语发音"DA",这也可以说是富有说服力的三木的辩论术之一。

"现在集结保守(势力)以使政局安定,排除极少部分人的感情论的话,应是民主、自由两党都强烈盼望的。仅靠185位民主党员来推动政策的实行,这本身就很困难。对于自由党,民主党是打算站在自由党附近的大门口跟他们打招呼的,不准备去做拉拢或离间之举。保守集结的形式可以是合并或者联合或者合作,这都无所谓,可以说现在时机已成熟了。为了这个保守合作,如果鸠山的存在是个妨碍的话,那么鸠山内阁可以全体辞职,民主党解体也无妨。不,一旦保守合并完毕鸠山内阁就会全体辞职,我们将建立起众望所归的新政权来,这才是正道。"

听了他的发言,民主党内部也传来许多批判之声,大家都说:"三木该不会是精神错乱了吧?"但是,三木对此毫不介意。

之后,三木凭着自己那一流的直觉在对手自由党中选中了总务会长大野伴睦做突破口,信心百倍地推动着工作的进展。

三木和大野一个是"反吉田(茂)派",一个是"亲吉田派",两个人的关系可以说是水火不相容。三木叫大野"无赖",而大野又把三木叫做"狐狸",两个人都毫不顾忌。但是,三木洞悉了大野在自由党中的实际决策能力。三木的直觉指的就是这个。

断定一个人是否具有真正的决策能力是相当重要的。在如今的商业社会里，有一定的头衔却没啥实权的人比比皆是。碰到事情，只能往上级汇报，经过一轮轮的会议后，其结果依然是行不通。行就是行，不行就是不行，要是有名副其实的决策能力的话，当场就能做出决定。

西武铁路集团的统帅堤义明从不与缺乏这种决策能力的人共事，这一点众所周知。比方说，哪怕是有人拿着印有社长头衔的名片来要求会见时，如果根据事先调查认定这个人没有决策能力，堤义明也绝对不会见他。堤一贯认为一边啜茶，一边为些没意思的谈话浪费时间是在"挥霍人生"。会见时有什么事就当场解决，这是他的作风。田中角荣也一样，他曾经高度评价过这位堤义明，这是众所周知的。

尽管不喜欢，三木还是跟这位有决策能力的大野前前后后进行了六十几次绝密的会谈。

大野这个人，在为了国家、为了保守政党这种大义面前格外软弱，而且他还是个情感加人情型的政治家，很容易被人戴高帽。三木就尽其所能拿绝对的"诚心诚意的谎言"来逼其就范。

最后，两人之间达成了"合并"协议。后来大野在自己的《回忆录》中这样回忆了跟三木"某一天的会谈"：

> 三木武吉和我的关系是，即便偶尔在银座（东京的一条繁华商业街）的酒吧里碰上了，也会坐得远远的，暗暗比赛看

谁喝的多，胸中都燃烧着强烈的对抗意识。每个有心的政治家都十分清楚保守合并的必要及重要性，这根本用不着三木来教我。也许他是扛着保守合并这一面锦旗，利用自由党来延长鸠山内阁的寿命，但是，他对此问题的回答却出人意料的认真。我一直闭着眼睛在听三木说，听着听着我也被感动了。我感觉自己面前的三木跟长期以来一直是我政敌的三木判若两人了。"老狐狸三木"已经不见了，他的内心不正像中秋的圆月一般清澈明朗吗？值得一提的是，通过这次不到一小时的会谈，我心里边那个政敌三木已不见了，代替他的是同志三木。

不用说"无赖"被擅长智谋的"狐狸"那"诚心诚意的谎言"给巧妙地欺骗了，大野还亲自证实了此事。

跟三木类型不同，还有一个人也同样富有见识和智谋，他就是前副首相后藤田正晴。他留下了这样一句名言："只能欺骗两三个上司的人是成不了大器的。"

这里所说的"欺骗"跟"诚心诚意的谎言"其实是一个意思。

"决策能力"比头衔重要

许多企业都规定员工到了60岁退休。在我周围，从年纪上看这样的人增多了。

他们告别了昨天的"××局长"、"××部长"、"××主编"等头衔。也有灵活些的被相关的公司请去做了顾问,利用以前的合作伙伴等人际关系,来帮助小公司振兴发展。

可实际上,未能如愿的情况却占了绝大多数。他们本人常常不能理解:"不应该是这样子的呀。"也就是说,新名片没有起到什么作用。"在以前的公司里,你人际关系不是很广吗?可能没有完全利用起来吧。"我也曾这么安慰、激励他们,不过多数情况下说的未必都是我的真心话。

这是为什么呢?在我对这些人长时间的横向、纵向、侧面的仔细观察中,我发现他们的生活方式或者行事方式说不清哪儿充满了原则主义,而他们的真正面目并没有表现出来。还有,他们总是以公司为后盾来说话和处理事情的。

我在这儿想说的是,不论你在多大的公司,不论你有什么头衔,一旦离开了公司,以后如果没有相当的实力或者人格魅力,社会就绝对不会像以往那样对待你。名片、头衔的威力退休后就消失了,这一点应该好好提醒自己注意。

在这个问题上,最应注意的是他们在以前就职的公司里,是否是本着"真心主义"来处理问题的,是不是襟怀坦荡地工作。如果注重"真心主义"的话,在公司内跟上司之间多少也会产生些摩擦。但是,如果你是真心的,上司也会理解,两者间不会产生什么

实质性的分歧。"那家伙太顽固了,真是头疼啊。"这样的话升职的速度多少会慢一些,但升职慢并不是什么大不了的事。你看如今的社会,多少人因升得快,很快坐上了重要职位,却颇不走运地因为公司的事进了监狱。想想这个,也就能够忍受住了。人生的祸福往往因一点点小事就会有天壤之别,简直能让人发疯。这就是社会。

如果能够常常用真心来处理事情的话,别人就会对这个人的真面目有所了解,就会放宽心跟他交往了。这样即便是退休后用了新名片,别人也会很亲切地对待的,新的职位、新的事业也大有可能顺利发展。

可以说这一"真心主义"的化身还是那位田中角荣。

有这么一件事。

昭和 50 年(1975 年)在三木(武夫)政权下发生了一次"为了罢工权的罢工"事件,从 11 月 26 日到 12 月 3 日间政府跟公劳协间剑拔弩张的口诛笔伐接连不断。这期间,包括新干线在内的当时的国铁(国营铁路)陷入了全面瘫痪,这可是史无前例的严重事态。

这时候,田中派内的年轻众议员们对此问题展开了讨论,田中偶尔去露了一下面。他听了一会儿大家的议论,脸憋得通红地说道:

"你们在这儿议论能有什么用?都给我起来,政治家只有行动

起来才会有用!"

一位众议员提心吊胆地说道:"头儿,搞不好,就可能帮助三木延长寿命了呀。"他的话音未落,令人恐怖的响雷就在他头上炸开了。

"你说什么,混蛋!你们搞的可是日本的政治,不是什么党派的权力之争。现在全国都因火车、电车陷入瘫痪而头疼,你们要拿出政治家的行动来!"

最后,田中派站在队伍最前列,大力推动三木政权对公劳协的罢工权的授予。不久,持续已久的罢工终于停止了。

可以说田中的这个响雷和行动至少是出自身为政治家的田中的真心。另外,大平正芳和福田赳夫两派与田中派以合作的形式于第二年(昭和51年)秋结成了"举党协",成功地"拿下了三木"。可以说这里有个远因,那就是大平和福田他们看到了田中对"罢工权的罢工"所表现出来的惊人的真心主义。

以前,在田中的选区——旧新泻三区有一个名叫"越山会"的强大无比的田中后援会。它的本部在新泻县长冈市,下面设有郡市级的联络协商会,再往下还有按旧的町村来细分的313个基层越山会(比如"小千谷越山会"、"六日町越山会"等)。这是个很有势力的组织,它在整个选区都有影响,每次选举都给田中投了无数的票。

这个越山会得以充分发挥机能的奥秘在于"头衔的秘密"。那

313个基层越山会的成员一旦到了选举的时候,哪怕扔下手中的本职工作,也要为田中的选票而奔走。他们这样做的秘密正是在于头衔。说得极端点,基层越山会所属会员全都是官员,人嘛,只要给官当就会干活的,田中正是瞅了这个空子。因为头衔这个东西从某种意义上来讲就意味着人的生存价值。

越山会给人的感觉是汇集了日本全国所有的头衔。会长、事务总长、事务局长、干事长、政调会长、总务会长、常任干事、特别干事、常任监事、特别监事、常任顾问、特别顾问、常任参事、特别参事、常任参与、特别参与、财政部长、审计部长、青年部长、妇女部长、咨询委员、评议员、总代表等等。每一种头衔还可以加上名誉、次长、代理、副等文字,所以,几乎每个人都有个头衔。"实在不够的时候,就定成干部",大体就是这种情形。

在这些印到名片上的头衔下,大家实际上都干得很卖力。

但是,世上再没有比头衔更不可靠、更无情的东西了。虽然身为组织齿轮中的一个齿,一旦没有用了,明天又会有另一个人坐上那个位子。社会的齿轮就是这样充分发挥其机能、运转个不停的。

我们应该知道名片、头衔的无情,只有真正的"决策能力"才是人们需要的。

漫画脸占大便宜

有一类人天生就吃亏,他们的脸画不了漫画,别名、绰号也没法起。这种人在组织里尤其不太容易得到大多数人的支持,相比而言,他们成就大事的难度就大。

例如在政界。

有的人常常出现在报纸、杂志的漫画栏,引读者发笑,过去也有很多。轮出现频率田中角荣居于最前列,历任首相中还有吉田茂、岸信介、池田勇人、大平正芳、竹下登、中曾根康弘等。另外,前副首相渡边美智雄、金丸信的"露脸度"也相当高。最近自由党党首小泽一郎、前建设相龟井静香、前科学技术厅长官田中真纪子等都很得漫画家们的喜爱。虽然各自的热度不一样,但仍可以看出他们在国民中的人气之高。

与此相反,历任首相中佐藤荣作、三木武夫、小渊惠三等人,以及最近的前干事长加藤宏一、前政调会长山崎拓等,说起来他们属于那种"让漫画家头疼"的类型。他们外表缺乏特征、个性,大众人气不旺,容易吃亏。曾经向总裁选举挑战过的加藤宏一、山崎拓等,可以说都由于很难被画成漫画而多少吃了些亏。

在昭和20年代末的吉田茂内阁末期,就有一个人因为那张

"画不成漫画的脸"而与首相之位失之交臂了。

这个人就是绪方竹虎。身高5尺6寸,体重18贯(1贯=3.75公斤)在当时也算是风度翩翩,尤其是鼻子下面蓄着的胡子使得他那端正的容貌显得越发精神。

这位绪方从早稻田大学毕业后就进入了朝日新闻报社,当了14年政治专栏部长,38岁时以"超级"速度被提升为总编,任副社长时辞职。在此期间,绪方作为《朝日新闻》的象征,其人格、见识特别是胆识都为众人所称道。

辞去朝日新闻社副社长之职的绪方,其天生的出色人格、见识、胆识受到赏识,在战争时期的小矶(国昭)内阁中他被提拔为国务大臣(兼情报局总裁),又在之后的铃木(贯太郎)"终战内阁"中任顾问,在战后初期的东久迩宫(稔彦王)内阁中又当上了国务大臣(兼内阁书记官长)。

之后,从昭和21年(1946年)起,绪方被开除公职长达5年。其间,母校早稻田大学曾经邀请他担任校长,被他拒绝了。昭和27年(1952年)10月的大选中他被自由党提名为候选人,作为众院议员初次当选。当时,同样来自自由党的田中角荣已当选三次并就任了党总务。

那之后,绪方可谓一帆风顺。当时的首相吉田茂让初次当选的绪方直接就任了国务大臣(兼官房长官),翌年(昭和28年)5月在第五届吉田内阁中,绪方距初次当选还不到一年就作为副首相

(国务大臣)被召入内阁。可以想见他是多么受到赏识。

吉田首相于昭和29年(1954年)12月为自己长达7年零两个月的长期政权画上了句号。自由党将绪方定为继任总裁,并且自由党和以鸠山一郎为总裁的第一大敌对党民主党于翌年(昭和30年)11月15日进行了保守合并,结成了自由民主党(自民党)。

这个自民党为了避免原两党间的摩擦,成立初期没有设总裁,而是采取了"总裁代行委员"这一集团领导体制。只不过双方达成默契,内阁由鸠山负责,党务方面则由绪方处理。

之后的昭和31年(1956年)4月,自民党首次总裁公选终于准备就绪了。早在那之前的1月下旬,鸠山、绪方都表明了参加竞选的意思,为了争得总裁即首相之位开始了全国的游说。人们私下里推断,鸠山和绪方的比分为6:4。

但是,在游说进行正酣之时,绪方因病卧倒,第三天就突然成了不归之人。

当时采访过这次总裁大选的政治专栏记者有这么一种看法:

"的确,对于绪方来说形势并不利。因为一来自由党内的亲兵有不少'吉田余党',二来还缺少军师和像样的亲信。那么绪方自己又怎么样呢?他既不能率先做争取多数派的工作,而且又不会用钱,一副了不起的神气,始终保持一种大行"王道"的姿态。总之,支持绪方的气氛一点儿也没有热烈起来。所以有人在背后说,

竹虎的容貌、风采的确非凡,不过他却更像一只猫。老虎会非常注重策略,拼命捕捉猎物,相比起来猫就太温顺了。'绪方也不是没有扭转乾坤的余地,这就看他的作战方式和营造气氛的本领如何了。'"

当时,因报纸上的政治漫画而大受欢迎的冈本一平对于这位绪方曾发过这样的感慨:

"那真是一张实在画不成漫画的脸啊。"

这是在感慨,如果能画成漫画的话,那么绪方的大众人气就会很旺,党内支持率也会增高。如果不是他那意外死亡,"绪方首相"的出现还是很有可能的。"能画成漫画的脸",首先不会给对方以紧张感,不让别人感到难以接近,这一点绝对没有坏处。

田中角荣曾在某演讲会场说过这样的话而让听众捧腹大笑:

"吉田茂更疼爱池田勇人,而不是佐藤荣作。哎呀,人都是喜欢不如自己漂亮,且脑子也不如自己好的人的。要是跟佐藤一块儿照相不就相形见绌了?这会让人局促不安的。诸位也这样吧。"

"能画成漫画的脸"真是有用极了,池田就因此比佐藤受到了更多赏识,并且先当上了总理。

世界政要御人方略　**第五章**

第五章

向"能人"取经

世上无难事

金丸信(前副首相)真是一位了不起的政治家。

金丸信出身于甲州（山梨），外号叫"野和尚"，在田中角荣——竹下登派中是个尤其了不得的人物。金丸信毕业于东京农大，并非出身"名门"，是党派人士，40多岁才终于踏入政界。因为这些不利条件，针对初次当选时和他一同入选的前首相竹下登、前自民党干事长安倍晋太郎，金丸信很早就公开说过："想当首相、总裁的是竹下和安倍，我只想当个能够起协调作用的二号人物。"以此确定了自己作为政治家的坐标。后来金丸曾先后担任过副首相、建设相、国土厅长官、防卫厅长官、自民党干事长、总务会长等要职,最适合的当然也是最引人注意的职位,是作为党内二号人物的自民党副总裁之职。

另外,"如果说岸信介是'昭和时的怪物',那么我就做'平成时的怪物'。只要是人做的事,哪能有什么干不成的呢?"这条表明自己啥都不怕的语录,把金丸的二号人物形象表露得淋漓尽致。

总之,这个金丸信很是了不得。据说他自从初次当选众议员以来,自己就再没有看过一本书,采取行动完全靠听来的信息以及日常的经验。

田中角荣在佐藤派中任干事长的时候,曾经对这位金丸说过:"你不用考虑什么政治趋向,发生纠纷时只管给我往前冲就行。"田中很是器重他的"炮弹"特性,可是,除此之外并没有给他更高的评价。

不久,田中领导田中派拿下了首相的宝座,金丸也成为田中派的干部,但此后田中好像对金丸协调人的能力总抱有戒备心理。这是因为在田中因洛克希德事件被迫退出政治舞台以后,金丸开始酝酿组织田中派内的一部分人着手促成"盟友"竹下登的"世代交替"。田中勃然大怒,因为在当时敢于违抗身为"幕后的将军"的实力人士田中的人可以说还没有一个。

金丸作为二号人物的做法大体分为两种:一是先发必胜这一凭借直觉的行动能力;二是行动时无所畏惧的"语言威吓"及"舍

身"的战斗方式。

举个例子。

昭和 47 年（1972 年）7 月，田中角荣夺取天下之际，有关总裁选举有这么一段故事。

田中在总裁大选在即之时，一方面跟福田赳夫对垒，一方面通过政治协商，成功地实现了田中、大平正芳、三木武夫三派的联合。但是，田中在第一次投票时得票没有超过半数。进入决定性投票阶段时，难对付的三木总不表明"支持田中"的态度。常呆在小派别内做领导的三木，深悉如何高价推销自己以及本派别的战术，这时他那"武尔坎政治家"的别名真是得到了淋漓尽致的发挥。

当总裁大选终于要来临之际，三木为决定性选举投票时"支持田中"开出了条件——"要是让你着手恢复日中邦交的话……"最后，田中和三木在东京九段的 Grand Palace 大酒店的一个房间内达成共识，三木保证在决定性投票时"支持田中"。

田中当时是和金丸一起去的这家酒店。金丸这样对三木说道：

"三木先生，如果田中不解决日中关系问题，我会离开田中派，投奔到三木先生您那儿去的，我说话算数。为了国家和人民，希望您能跟田中握起手来。"

"为了国家和人民"，这是金丸的口头禅。比方说，在企业里，

他会说"为了公司",这就好像是在大义之下行动一般,甭管什么样的异议都将被抛到一边。

在金丸的这种略带戏剧性的单刀直入式"语言威吓"、"舍身"的战术面前,再干练的三木也最终表情复杂地跟田中握了手。三木如约在决定性投票时"支持"了田中,田中由此得以坐在了首相的座位上。

还有一件事。

这次是在昭和57年秋发生的"铃木善幸接班人"事件。田中决定推荐中曾根康弘,而金丸始终讨厌中曾根,他常常直言不讳地说:"再没有比中曾根更让我讨厌的家伙了。"

当时,田中派内拥立竹下登的论调很坚决,派内局势混乱一片,很难收拾。金丸本打算拥立竹下登,不过最后跟田中保持了一致。

面对仍未平息的派内斗争,金丸在田中派干事会上讲了这样一番话,压制住了异议和反驳意见。

"面对现在这个'烂摊子',只有推举中曾根了。正如诸位所知,我是全日本最讨厌中曾根的人了。但是我可跟你们说,这个世界不能由着你们任性。老爷子要说往右就得往右,说往左必须往左。如果有谁不满意的话,那就只有请他离开本派了。"

当然,"烂摊子"一词实际上也包含了金丸的考虑。他是想用这种表现手法来批判中曾根,来缓和派内反对派的心情。就是说,

"语言威吓"背后隐藏着相当厉害的盘算。

另一方面,金丸也没忘了这样"刺"那位中曾根。

"有一点你可要注意,一旦出了事,别忘了我可是不会放过你的。"

对于这位"啥也不怕"的金丸信,最终还是中曾根主动要求握手言和的。

点火时加把柴,平乱时添把力

这位金丸信还得到过"马大哈"这么一个评语,毕竟他只不过是一个只会"语言威吓"和"舍身"的人。

但是,金丸虽然把那些细微工作都丢给了官僚们,让人感觉有些"马大哈",但是他对大局的把握还是相当敏锐的。不用说,大局观是支撑头号人物的助理所不可缺少的能力。

金丸之所以具有这种大局观,是因为正如在第二章中曾经提过的那样,他像川岛正次郎一样,用第一手情报这一武器来摸索事物的发展趋势,并且取得了成功。这些都离不开他广泛收集情报、彻底探究各党情况甚至舆论动向等等的纤细的神经。神经粗大的人是当不了助理的。

从前有"江田金山"这么一个词,取的是社民联代表江田五月，社会党委员长田边诚、自民党副总裁金丸信还有联合会长山岸章名字中的头一个字组合而成。这四个人尽管所处立场不同，却经常交换情报。对于其他三人来说，跟金丸会面可以探听出自民党的意图；反过来，对于金丸来说，可以获得关于在野党或者劳工界的情况以及动向方面的情报，这还可以抬高金丸作为自民党二号人物的地位。

关于金丸的情报收集及灵活运用，有这么一段话，是金丸做干事长时亲口说的。

对于从别人那里听到的事，我不会盲目轻信。我会多问几个地方，有人说有这样那样一件事，到底是真是假呀？如听到不同的说法，比如我从媒体的记者那里听来的，我就会再问一下别处的两三位记者：有这么个事，你觉得如何？你听过这事吗？如果有人知道的话，我就会详细询问，确定了这事是真的，这时我才会考虑应该怎么做才好。

我是非常重视记者的，因为对于我来说他们是最棒的天线。所以，虽然我也听说有的干事长常常不让记者们进干事长室，但是我做干事长时谁都可以进，要是有客人在我会请他们出去的。哎呀，议院内的干事长室简直就像"步行街"，几乎每天都坐满了记者。

在那些日子里，如果那些记者的情报错了，对他本人自然是毫无用处，当然也就不能把它如实地说出去。所以我就

先让他们把大体上没有错的话先说出来让大家听,之后再让大家一一判定真伪,总之这些很是微妙。既有明白的记者,也有不明白的,只有跟他们多次碰头多次交流,那情报的内容才能越来越多越真实。这确实帮了我不小的忙。(仲卫《金丸信权术研究》)

此外,仲卫还加写了金丸夫人悦子的看法。

悦子是这么说的:"金丸的脑子里一开始也没有就这样或那样的明确想法。他采取的做法是先往池子里嘭地扔块石头,通过水面泛起的波纹来激发大家思考。他没有纤细的神经,更没有博古通今的言辞。他会先听一下对方的意见,然后再说:'您说得很对,不过,也可以这样说嘛,您看……'绕个弯儿,最后还是按自己说的去做了。"

金丸这个人其实是一个极其普通的人,只不过他是一个当代少有的善于倾听的人。不管对方地位高低,他都会认真听取意见。人们评价说他"不是先入观,而是后入观",这也是金丸在复杂的政界随机应变、游刃有余的诀窍。

可以说这就是所谓的"广角打法(棒球术语)"的情报收集术。

这样,金丸的大局观被概括起来了。

再说一说金丸的眼光有多么敏锐。他以前说过的在各种政局形势下政权的交替"和平时期羽田(孜)、乱世时期小泽(一郎)、大乱之时梶山（静六）"。这话即使在今天的形势下来看，也让人不得不点头赞同。此外，他还一直酝酿通过"自社"大联合进行政界改编。不久，这事得以实现，并且又有新党魁党也加入进来，组成了"自社魁"三党联合内阁，让人们大吃了一惊。这也让人不得不为金丸的大局观和敏锐的预见力而深感佩服。

另一方面，对于金丸还有一种评价："烧火的时候加把柴，平乱的时候添把力。"

从辅佐头号人物的立场来看，把握准确的"胜负之时"比什么都重要，这自不待言。

金丸常常这么说：

"我的老师是保利茂先生。"

保利这位实力派政治家作为助理、协调人，其精明泼辣之处连田中角荣都要稍逊一筹。

娴熟的"将军"手法

被金丸信虔诚地尊为老师的实力派政治家保利茂有一句座右铭："百术不如一诚。"

保利在战后政治史上始终支持"保守主流"，顽固地坚守保守政治，可谓是倾注了满腔热情。他是自由党众议员保利耕辅（前文部大臣）的父亲。保利茂履历丰富，先后干过农林、劳动、建设大

臣，官房长官，也坐过自民党干事长、众院议长的位子，但就是没有一次能作为主角而名垂青史。可以说他是通过主持政治舞台的幕后工作来发挥才能的一个典型人物。

他对幕后工作的处理和策略的运用，简直就像制造玻璃工艺品的工匠一样极其精致。说起来他一个人几乎独占了所有形容谋士的词，比如"密室型政治家的典型"、"最无欲、最恬淡的人"、"最官僚式的党派人士"、"竹中半兵卫式的人物"、"海滨松树式的人物"等等。

不用说，"竹中半兵卫"（日本战国时代的武将，任丰臣秀吉的军师，屡建奇功）的称呼是由于他虽然富有智力和胆识，却绝没有当一城之主的奢望。"海滨松树"是说在保利的故乡——佐贺县东松浦郡（今唐浦市）有一处名胜叫"虹之松原"，此处有一棵黑松，树龄已达四五百年。黑松在玄界滩（近处海滩名）的狂风之下树干被刮得几乎贴向了地面。但是，尽管如此，树根却依然紧紧地抓住大地。人们是用黑松的这种不畏艰难险阻的性格来形容保利的。

保利的做法一方面很是老奸巨猾，另一方面他还以"百术不如一诚"为宗旨，金丸信学的也就是这点。

顺便提一下，金丸曾这样直言他从保利那儿学来的"政治哲学四原则"：

一、通情达理

二、为他人流汗

三、重视人际关系

四、为有难之人出谋划策

保利作为协调能手的做法被人称做"雪隐围剿策略"（把对方老将一步一步逼到死角的将军手法）。所谓雪隐，指的就是厕所。这就好比挨屋搜捕潜入的小偷，最后别的屋子都搜过了，只剩下厕所。结果是小偷就在厕所里，这样轻而易举地把他抓住了。总之，指的是那种毫不偷工减料、非常细致认真的做法。

下面举一个保利"围剿"的好例子。

"总有一天，我要亲手把佐藤荣作推上大显身手的舞台。除佐藤以外再没人能继承吉田（茂）传下来的保守派主流。"

保利准备把自己之后的保守政党的大旗交给佐藤。昭和39年7月的自民党总裁选举之前，他再次活跃起来。

当时，池田勇人出马参加"三选"已是既定的事实，藤山爱一郎也宣布要出马。

保利就说了：

"如果现在佐藤不起来阻止'三选'，在今后两年的池田总裁任期内，河野一郎势力将抬头，政权就会落入这个河野手中，佐藤就没法儿守住保守派主流了。现在佐藤应该毅然行动起来。"

但是，官僚出身、万事慎重的佐藤很犹豫，最后，在保利等人的拼命敲打下，才于距总裁大选不足一个月的时候辞去了阁僚职务（北海道开发厅兼科学技术厅长官），坚定了出马意图。

保利是如何迫使佐藤终于下定决心出马的呢？

佐藤之所以犹豫，是因为他和池田同在"吉田（茂）学校"，而且还是邻桌的关系。另外两人还在旧制五高吃过同一锅饭，回想一下，该有40年的友谊了。佐藤想尽量避开这种骨肉相残的战争，打算支持池田，等他以后把政权禅让给自己。这就是佐藤在最后关头之前的想法。

但是，池田已经把河野拉拢过去而疏远了佐藤，开始为"三选"招兵买马着手准备了。

怎么做才能让佐藤出马呢？

保利首先从与佐藤关系密切的福田赳夫那里下手。福田也对佐藤说"政权是通过战斗夺取的"，敦促佐藤出马。这样，佐藤内心生起了千丝万缕的波澜。

保利就是这样不光把佐藤慢慢地逼进了"厕所"，还在佐藤周围刮起了说服的狂风：

"现在再不行动，佐藤派要走下坡路的。""你期望政权禅让，可是根本没有什么书面协定啊。""河野早就下定决心支持池田了，等池田'三选'胜利之际，就会论功行赏把政权交给河野。"等等。

7月10日的总裁大选，池田在第一次投票获得了超过半数的243票，"三选"成功了；听从了保利的意见出马的佐藤排在第二位，得到了194票；排第三位的藤山仅得了39票。

保利看到这个结果,高声说道:

"这是佐藤力战的结果。今后,池田再也不会无视佐藤的存在了。"

"三选"成功的池田,接下来还不到四个月就被癌症病魔缠身,因而内阁全体辞职,指名由佐藤继任。这正是保利所预料的结果。

昭和39年11月,佐藤就任首相。不过,假设保利错过了"决战胜负"的关键时机的话,那么佐藤以后的政治生涯就很难讲会是什么样了。

当时,同是佐藤派干部,跟保利"同级别"的田中角荣,提出的却是"禅让论",而不是保利的"奋起论"。

不用说田中看到佐藤夺取天下后,他心中对于保利作为助理、协调人能力的评价也开始抬头了。

如果没有最好的,那就退而求其次吧

如果仔细观察,就会发现保利茂的极为精致的"雪隐围剿手法",也被前官房长官梶山静六继承下来了。

保利始终认为"每个人都有己之'分',我非常清楚自己不是那种能背靠壁龛而坐的人"。他一直都在扮演"宰相",负责转动政

权这个大舞台。而梶山呢,让他转动舞台的确是一流的,不同的是他还对政权有野心。虽然体质迥异,但梶山却跟第二章中提过的大野伴睦有相似的政权野心。

梶山转动政权大舞台手法的精妙,看一下他在那让人大吃一惊的"自社魁"三党联合政权诞生背后的表演就会明白了。

社民党的前国对相关人员曾有这么一段证言:

"他之所以把社会党的村山富市委员长推上首相宝座,又用了仅仅1年时间就让政权重新回到自民党手中,是因为两个人在同为国对委员长时的那段'肝胆相照'的关系。就是说这两个人的'盟友'关系在以后起作用了。

"梶山国对委员做事极其精致,好像是在摆弄玻璃工艺品一样。当他在酒馆跟在野党的国对有关人员见面时,自己从没有先给人个后脑壳看。他会作陪到底,一边跟对方进行透彻的交谈,一边寻找对方的'疏漏',也会给对方些好处。即使因长时间推杯换盏累了,自己也会一直坚持再坚持直到对方散去。这给人留下很深的印象。

"可能是跟村山特别投缘吧,在议员宿舍,梶山和村山这两个人的房间也紧挨着,'自社'两党互相对立陷入进退维谷的困境时,其中一人总会在一大早或大半夜溜进对方屋子里延续白天的战斗。梶山的手法是采用那种既大胆又细心或威胁或哄骗的'障人眼目的战斗方式'。作为村山,一方面也是出于对梶山的信赖感,他会被这手法所迷惑,终于放弃了非自民政权,被强拉硬拽着与'自社魁'政权这一自民党的步调保持一致。"

始终是组织的"缓冲地带",这是保利作为助理、协调人存在的价值所在。头儿佐藤荣作得以保持长达7年零8个月的政权,不能不说也是因为派内有保利这个绝佳的"缓冲地带"的缘故。

支撑佐藤政权的是被人们称做"三支柱"的田中角荣、福田赳夫及保利茂这三位。

擅长人事的佐藤常把这三位摆在"竞争、牵制、均衡"的关系中,不允许任何一个人突出也不会让任何一个人坐冷板凳。但是,因为田中和福田都对"第二"有野心,所以即便处在这样的人事关系中,还是会时不时爆出对抗的火花。只有保利始终坚持自己的"本分"。

当时的自民党负责记者这样说道:"田中和福田常常在揣摩佐藤对'第二'的打算,只有保利始终是'我坚持做缓冲地带'这么个姿态。总之,由于没有野心,他既不担心会失去什么,也没有什么好害怕的。佐藤在田中和福田中间巧妙地利用这位保利,而保利也毫不畏惧地坚守着自己的职责。结果,佐藤得以维持了长期政权。"

佐藤的长期政权从某种意义上讲,也是田中这位政治家"扩大势力"的过程。特别是在佐藤"四选"时,势头大增的田中得以赢得了时间,最终使形势变得对自己有利,让福田死了心。

保利对于"佐藤的下一任"的考虑跟佐藤一样,从感情上来讲都是"偏爱福田"的。在保利的心里,后任"不是党人派的田中,而是作为保守主流派的福田"的想法很强烈。

一方面,佐藤"四选"给了田中扩大势力的时间,而另一方面福田外相却噩运不断。关于中国加入联合国的事,开始日本接受了美国的提议,成为共同拥立台湾加入联合国的提案国,结果却事与愿违。另外,早在三个月之前,美中外交就实现了"高层接触",尽管日美间早有约定:"美国在尼克松访问北京后不会尽快与中国恢复邦交,也不会弃台湾于不顾。"佐藤内阁的这些外交上的失策,其后果都由福田来承担了。

结果,经过"角福"总裁选举,"佐藤的继任"与保利愿望相左,落到了田中手中。

保利以后仍在摸索,让福田做因资金来源问题而下台的田中的下一任,这一切都是为了维护保守主流。但是,后来福田被三木武夫给赶上,结果"田中下一任"给了三木。

保利在日后这样表达了自己的遗憾之情:

"田中之后,跟福田之间的协调工作是我的使命,但是,协调失败了。'没有最好的就退而求其次',这是协调人的要谛,可是政权竟然让保守支流的三木……"

这时,田中从保利的上述政治行动中再次明白了,一个组织中是不能没有"缓冲地带"的,同时也学到了处理事情时脑子里不要只有一根筋儿,应该运用"如果没有最好的,那么就退而求其次"的战术。

实现"奇迹般的大转折"的一匹狼

有一位名叫石田博英的高参。他虽然是个谋士,却不是头儿的心腹,他已经超出二号人物、助理、协调人的范畴,是个脱离狼群的独狼式的名人。

人们称他"石田 BAKUEI(博英的音读)"。除官房长官、运输相(交通部长)以外,他还做过六任劳相(劳动部长),因此有个词叫做"石田劳政"。他的业绩之一就是调停了三井三池争议这一战后最大的煤矿罢工事件。他的特点是在跟工会谈判时软硬兼施,胜负在胸,富有政治魄力。他打麻将的水平在政界首屈一指,玩花纸牌(画着松、梅、樱等 12 个月代表花卉的 48 张纸牌)绝对精明,就连报社记者也占不了上风。因此,给他取的绰号不是博英(HIROHIDAI),而是因为他博才(BAKUSAI)就叫成了"BAKUEI"(博英也可以读作 BAKUEI)。

他的这个"BAKUEI"的名字越发闻名,是在昭和 31 年(1952 年)12 月的日本政党有史以来的第一届自民党总裁公选之时。

这次总裁选举有 3 名候选人——岸信介、石井光次郎以及石

田与三木武夫等力推的石桥湛山。

在公选的第一次投票中,如大多数人所料,岸信介获得223票,石桥获151票,居第二位,第三位是石井,获得了137票,票数都未能超过半数。根据大会章程,第一位的岸信介和第二位的石桥要进行决定性投票。岸早就料定会进行决定性投票,当时也琢磨着从石井阵营中可以拉过来30多票,就是说他相当自信自己会胜利,尽管是以微弱的优势。

然而,在石桥阵营里任参谋的石田,暗地里下力气做好了石井本人以及支持石井的池田勇人的工作,私下约定如果石桥在第一次投票中排第二、石井排第三的话,决定性投票时石井阵营就推举石桥。

决定性投票箱的盖子打开了,此前风传的"岸获胜"的说法被完全推翻,石桥、石井的"二位、三位联合"奏效了,石桥坐上了总裁(首相)之位,尽管仅仅是以7票的微弱优势获胜。

当时,有这么个小插曲:

在决定性投票的统计过程中有那么一刻是岸信介251票,石桥250票。在岸派任参谋的大会主持人南条德男等人都理解为"岸胜利了",开始在台上磨蹭起来。虽然仅是一票之差,但输了就是输了。这时,同在台上的石田脸上也开始变色。

但是,下一个瞬间,出现了让身材魁梧的石田简直都要雀跃起来的事态。

对于当时的情形，石田在他的著作《胜负的孤独》中这样写道：

> 就连对一星半点的事毫不在乎的我看到这个票数也不由得心里咯噔一下。可是，选举管理委员井出一太郎君（当时是三木派的，支持石桥）手不是在那儿一个劲儿地发抖吗，他那颤抖的手中还握着几张选票。我吃了一惊："哎，你手里还有几票？""8票。"这真是令人窒息的一刻。"糟了！"我心里想。待悸动慢慢平静下来，我慢慢地走到大会议长砂田重政氏那儿，趴在他耳朵边儿上说："这会儿先休息一下如何？"听了我的低语，砂田君也许是直觉到"石田提出要休息，肯定是石桥输了。"于是他直言"不休息"，拒绝了我的请求。听了这句话，我一下子放下心来。
>
> 当时如果休息的话，那后继总裁的位子就不定落在谁手里了。砂田君直言"不休息"的时候，我就知道我盼望的石桥当总裁这件事已经胜利在望了。

这是一个魑魅魍魉的政界。即便是总裁大选这样的大场面，如果休息的话，也会发生选票"去向不明"的情况。在这儿，石田瞬间所做的决断导致了石桥"奇迹般的大转折"。

时光流逝，石田再次作为高参登上了舞台。这次仍是自民党总裁大选，是昭和43年（1968年）11月的佐藤荣作的"三选"。

当时的候选人是佐藤及与之对抗的前尾繁三郎和三木武

夫。佐藤打算在第一次投票时就过半数,就是说打算一举取胜;而前尾、三木想的是如果有一方是第二或第三位的话,那就位次的帮助位前的,好在决定性投票时来个"奇迹般的大转折"。当时,三木的参谋是石田,他在此之前帮助石桥夺取了政权,这当然不用再多说了。

而为佐藤作参谋的是已经瞄准"佐藤继任"并且在党内扩大支持基础的田中角荣。这场激烈程度可想而知的参谋大战还被称作是"KAKUEI(角荣的日语发音)对BAKUEI(博英)"的"智慧较量"。

但是,这场较量还没到最后结果就出来了,战争进行到一半时"KAKUEI"得胜了。

石田在总裁大选就要开始之际,说了这样的泄气话:

> 田中(角荣)手中还拥有大兵团呢,我呢,只是孤单一人,我一个人可干不来。我没想让昭和31年时的事再来一遍,毕竟那种变魔术一样的事不是总能有的。"(《周刊文春》昭和43年12月2日号)

由此,可以隐约窥见离开狼群的"一匹狼"的能量极限。

所谓的"一匹狼",换言之就是自由人。自由人即便在比赛中一下子取胜了,但作为助理还是缺乏安全感。

"拎包的"偷来的绝招

有一个叫铃木宗男的人,他是自民党小渊(惠三)派所属的责任内阁官房副长官,曾任北海道、冲绳开发厅长官,现在的职位相当于野中广务官房长官的亲信、黑衣人(日本歌舞伎出演者背后的辅佐员穿黑衣)、党羽的位置。

像小白鼠那样不停地跑来跑去,这就是铃木宗男在政治舞台上的形象。他经常不惜时间地出没于国会、自民党本部、执政党或在野党的联欢晚会上,勤勤恳恳地把拣来的情报传送到野中长官或小渊首相耳朵里。看一下报纸上每天的"首相日志"一栏就很清楚,他去见小渊首相的次数在政治家中可谓突出,而且他一定不会忘记也去官房长官室露一下头。

用铃木的话来说:"我认为不论多小的情报,总有一天会有用的。把那些情报交上去后,首相或官房长官如果说往右我就往右,如果说往左我就往左。这,就是我的任务。"他是这么理解自己的分内之事的。

对于这样的铃木,他的上司的野中好像很是喜欢。野中曾经直言不讳地说过:"铃木君真勤快,我能做官房长官也是因为有了铃木君。"

这位铃木出生于北海道的农家,高中毕业后本来定好要去煤

矿工作的，但由于他勤奋好学，考进了东京的拓殖大学政经系。在他进京的时候，贫穷的父亲卖了家中仅有的一匹马为他打点了行程。

上学期间，他当上了给自己做保证人的中川一郎（原农水相）的秘书，不久就成为"秘书中的一把好手"，在政界崭露头角了。

此后，党派政治家出身的中川和渡边美智雄、石原慎太郎、滨田幸一等一起组建了一个"暴徒集团"——青岚会，就此出马参加总裁大选。田中角荣当时曾给跟自己一个鼻孔出气的中川一郎进言说："你这一跳，要是回不了池子里的话，可就成了鱿鱼干了。"告诫他现在出马竞争总裁还为时尚早。结果，中川在总裁大选之后不久自杀（至今这还是个谜），为自己充满波折的政治家人生拉上了大幕。

这期间，铃木一直身为中川的秘书，他看到了政治舞台的内幕，知道了如何敛财及用钱，知道了当官的应该如何行动，也知道了收集情报如何重要等等。中川死后，通过跟其子中川昭一（现农水相）间的"骨肉残杀"后，铃木得以在众院初次当选。当时铃木属于无党派，以"喝倒彩儿将军"闻名，这时他被当时田中派的干部金丸信看中了。后来，他和滨田幸一两人还被称做是金丸干事长的"亲卫队"。

铃木从金丸那里学来了软硬兼施的政治手腕。可以说他有时恫喝、威吓年轻议员或官员的"技巧"也是从金丸那儿学来的。

在此我认为应该清楚的是,即便当初你觉得"那家伙有点儿不怎么样……"如果人家这样那样的敬慕你的话,作为上司当然就会觉得他"挺可爱"。没有人会把暴风雨中来访的客人赶出门去,不,倒不如说那样的日子里来造访的人更是让人难忘。如此这般,上司呢就会觉得这个部下可爱。尽管只是个"拎包的",却不分昼夜地常为上司奔走,如此不辞辛劳,铃木自然赢得了野中和金丸的怜爱。

再说田中角荣,他也始终一副"来者不拒"的姿态,手下也聚集了不少像野中或金丸跟前的铃木这样的人物。可以说,田中正是分析了从这些人那里得到的来自各个角度的情报,以此推动政策的执行、解决政治纷争的。

田中采取"来者不拒"的态度,除了在金钱方面给予照顾外,还给他们适当的位子坐。只是,对于"亲信"的选择田中却有着严格的标准,只有能做自己的眼睛的那些相当有能力且又一片忠心的人才能做他的亲信。这些人中就有后藤田正晴、二阶堂进、江崎真澄等人。

以前,"森下仁丹"(公司名)的会长森下泰任参院议员时曾对田中"选拔亲信的方法"说过这样的话:

"部分媒体在报道田中时只说他是个'金权政治家',这话真是荒唐。田中深知自己的工作所肩负的大义与使命感,在他内心深处首先想到的是人类、天下、国民,他的行动都是以此为本的。

金钱、地位等这些一生所应拥有的东西已经拥有过了，对于他来说再没有想要的东西了，因此，作为'亲信'而受到重用的人必须得是相当了得的人。首先就是看这个人是不是凭借大义、使命感来行动的，我认为这就是田中的标准。

"他手下聚集了那么多的人，但那绝不是他自己生拉硬拽聚集起来的。连连说着'来吧来吧'才能叫过来的部下如果不高兴了就会马上离开，而自己自愿进来的部下是绝不会离去的。所谓真正的部下，说的就是这种部下。我是从公司起家的，所以这一点我很清楚。田中派的手下之所以能以坚如磐石而自夸，最主要的也是出于这点原因。"

由金丸、野中培养起来的铃木"现在正从一个单纯的'传声筒'上升为小渊派的希望。"（小渊派责任记者语）

出完了桥本龙太郎和小渊惠三这两张王牌后，现在的小渊派正面临着培养下任领导人的紧迫任务。前防卫厅长官额贺福志郎、前运输相藤井孝男等都被认为"有能力"，不过也有人认为铃木也应算其中一员。

尽管铃木从初次当选至今已锻炼达15年，但始终是个给上司"拎包的"，不过在这期间，他从上司那里偷来了诸多的绝招。

"黑衣人"专心致志的威力

同前文提过的铃木宗男一样,不同意义上始终做着"黑衣人"的人物还有居于参院的自民党干事长之职的青木干雄这位"幕后的实力人物"。他是原首相竹下登亲信中的一员,一手掌管着在参院中占过半数的现在自民党的国会对策委员。据参院负责政治记者说:"如果没有青木,参院就转不了了。"

为什么青木能成为参院的实力人物呢?

说句老实话,那是由于他对头儿始终尽忠,取得了头儿的绝对信任。而且他对地位并无过分要求,也取得了周围人的信任,大家都愿追随他。他在参院当选过三次,大臣之位也向他招过手,但是到现在为止青木只做过常任农水委员长、副干事长,并没进入过内阁。但是,青木调动了他培养起来的所有人际关系,并且还发挥了他的后台——拥有很大实力的头儿——原首相竹下登的影响,得已成为了参院的泰斗。

青木第一次遇见竹下,还是在他上早稻田大学法学系三年级、任该大学雄辩会干事长的时候。他跟原首相海部俊树、自民党干事长森喜朗是一起吃过雄辩会这锅饭的伙伴。

当时,出身于因为出云大社(日本古代出云国的一座宫殿,是

日本最古老的神社建筑式样）而闻名的岛根县大社町的青木，正在岛根县内进行演说活动。当上雄辩会干事长后，要带领雄辩会所属的学生到自己的出生地去进行演说，这是一个惯例，说起来这是作为干事长登上了"盛大的舞台"。就在那时，身为早稻田大学和雄辩会 OB（前辈）、任县议会议员的同乡竹下，在住宿及饮食等方面为学生们提供了诸多方便。

这位竹下不久之后出马参加众院选举，实现了初次当选。就在那个时候，他看上了还是学生的青木，起用他做了秘书。青木于是就从早大中途退学，当上了竹下的头号秘书。后来，为了继承祖传的渔业，青木于昭和 36 年（1961 年）辞去竹下的秘书之职。在昭和 42（1967 年），青木又参加了岛根县县议选举，得已初次当选，时年 32 岁。以后共任了 5 届，长达 19 年，中间还曾有过任县议会副议长的经历。

在昭和 61 年（1986 年）的众参同日选举中，在竹下的帮助下，青木在参院选举的岛根选区实现了初次当选。据说"竹下很赏识青木绝对的忠诚之心和敦厚的人品"。那以后，青木的个人事务所也搬到了国会附近，跟竹下在同一所楼内，这更加强了两人之间的纽带关系。还有，现在青木的弟弟也在做竹下的秘书，由此也可以知道青木对竹下的坚定的忠诚之心。

进入平成 11 年，对于小渊内阁来说，首次例行国会（日本国会的定期常会）有两大悬案亟待解决。一个是本年内要通过平成

11年的年度预算案(在日本从头年4月到次年3月为一个财政年度)，帮助国家尽早从经济不景气中解脱出来；另一个是制定《日美防卫合作方针》的相关法案，以便调整应对火药味很浓的朝鲜半岛等"周边事态"的态度。特别是前者，如果在众院被通过，那就有可能"自然成立"，而后者除了自民党在参院中占半数以上，它的成立还要依靠在野党的合作和赞成。

青木一面与上司竹下互通气息，一面把合作对象定为了公明党。

当时，公明党强烈希望通过平成11年4月的统一地方选举而实现其"商品券构想"。青木和参院公明党干部鹤冈洋等着手推动此活动，为此说服了因财政困难不愿掏钱的藏相宫泽喜一拿出了7千亿日元。商品券(地域振兴券)就这样得以实施了，公明党和自民党间的渠道得以维持，这加速了《方针》相关法案的成立。

同时，这还为今天的"自自公"合作奠定了基石。

再说田中角荣，他手下也有很多这种类型的部下，也曾提拔过不少这样的人物。说起来，恃才好胜、欲出头的人是不太受到他的赏识的。

这在田中的口头禅里时有表现："不能浮躁轻率，人都应该诚心诚意、踏踏实实地努力工作，这比什么都重要。""在这个世上有许多人不为别人工作，光说牢骚话，这种人不能用。说像模像样的话之前，要先学会默默地流汗。"

因而,在旧田中派内,被田中提拔起来的人中这种"沉默型"的人有很多。

其中一位就是小泽一郎(自由党党首)。

田中经常对周围人这样说起新当选议员时的小泽:

"一郎不错啊,常常在幕后默默地为他人流汗,毫不辩解,也不拘泥于地位、头衔。他不是把小剃须刀,他有大柴刀的魅力,这样的人是当首相的料。"

当时的田中派内,还有比小泽早两期的前辈桥本龙太郎,他是个具有潜在能力的"骨干"。但是,他太恃才好胜,所以田中毫不犹豫地将器重的砝码加给了小泽而不是桥本。

"滴水穿石"的反抗精神

反抗精神,说起来就是"什么?呸!"的精神,但是,很少有人能够一生都以此为脊梁骨。比如,有的人年轻时候致力于反权力主义,但是随着时间的推移,就变成一个只会看上司脸色的"比目鱼职员"了,这样的人有很多。

有一句话叫做"坚持就是力量"。田中角荣小时候由于家境不好,年纪轻轻就投入了雁过拔毛的土木建筑行业,以后又带着他的反抗精神进入了政界。进入政界期间他把目光投向了战后复兴，相继以议员立法的形式制定了《国土开发法》、《公营住宅法》、《电源开发促进法》等法律，这些分别是在昭和25年、26年、27年，那时他还只是个普通的众议员。

不久之后，田中又推动了关于道路整备的《道路三法》，它是战后日本仅次于铁路整备的第二大交通网整备。在后来的昭和47年7月，当了首相后他所挑战的是《日本列岛改造》。这可以说是他从年轻时候就确定的目标，从来就没有动摇过。

回过头来看看，田中这个人的反抗精神就像弹簧一样，在经历了长期的连续不断的积累后，得到了足够的力量。

跟这位田中风格稍有不同，一生坚持反抗精神的，还有第四章曾涉及的创立了今天的自民党的三木武吉。今天的自民党，是这位三木发挥了主要作用，促成当时的自由党和民主党这两个保守党的合并（保守合并），于昭和30年11月15日诞生的。

这位三木的一生，绝对是"反抗的一生"。

首先，三木在四国的高松中学上二年级时，发生过这么一件事。几名学生喝醉了酒后在夜里大哭大叫，他们不仅踹倒了面条摊子，还把它点火烧了。校方督促肇事者自己坦白，但是没有一个人站出来。当时尽管三木并非当事者，他还是举起了手，"豪侠气概"的结果是他被学校开除了学籍。

离开故乡的中学后，三木进了京都的同志社中学，在这儿没过半年就被卷进了斗殴事件，结果又被开除了学籍。因为这所学

校是倡导"仁爱与和平"的基督教精神的，绝对不允许有暴力事件发生。

之后，他又进了当时只要交授课费就能进去的早稻田大学的前身——东京专门学校。在这里，只要有钱就可以住在新宿每天去学校走读，而不必住在宿舍里。当时的新宿还只是甲州大街驿站，大街两边满是赶脚的和行路的，刚刚十六七岁的三木，经常狂妄自大地加入这个行列。

但是，三木并非只知道玩，他也在努力地学习法律，因此他毕业后不久就通过了司法官考试。毕业后因为有门路，三木就先进了日本银行，但是第二年在门司支行工作时，他那生就的反抗精神就不可遏制地爆发出来——由于参与了反对波兹马斯条约（日俄战争的讲和条约）的弹劾政府的演讲，他违反了工作守则而被免职了。

之后，他被任命为东京地裁（地方法院）的实习候补，但他随即发现自己的性格不适合官吏生活，仅仅过了七个月就卸任，转而做了律师。此时，他和后来成为首相的鸠山一郎同属于当时的东京律师会，两人一起进入政界，以后这层纽带关系也维持下来了。充满正义感、血气方刚，这成为三木反抗精神的支柱。

进入政界后，三木的反抗精神在打倒当时的掌权者吉田内阁，建立起鸠山一郎的内阁后完全收敛了。

吉田的后台是GHQ（联合国军总司令部），手中握有各种人事权,他大多提拔重用官僚人士、学者,而不太重视党派政治家。作为这位吉田的心腹当上众议员的,是池田勇人、佐藤荣作、前尾繁三郎等官僚出身者。吉田常常在人事方面冷淡地对待自由党内三木等鸠山派的人,党内吉田派、鸠山派的对立关系发展到了一筹莫展的境地。

没想到,秘密准备"打倒吉田"的鸠山和三木不久不幸都被开除了公职。等到这一通告被撤消,他们又重新回到政界时,自由党内已经被吉田的直系所占领。鸠山和三木再次决定要"打倒吉田",策略就是集结自由党以外的保守势力,成立新党来推翻吉田政权。

但是,这次又很不幸,鸠山脑溢血倒下了,成立新党的行动被迫停了下来。

万不得已,三木只能呆在自由党内伺机而动了。不久,吉田政权因渎职和滥用职权等问题出现了阴影,借此机会,昭和29年(1954年)11月,三木和改进党等一起成功地组成了日本民主党。

三木的宿愿现在终于有了抬头的希望了。

左派的社会党、右派的社会党和民主党通过了三党共同提案,他们对吉田内阁提出不信任案,此案在人数上早就是必然通过了。吉田内阁不得已在不信任案还没审议前就被迫全体辞职了。

自由党总裁由绪方竹虎代替,至此吉田的长期政权终于结束了。

昭和29年12月,民主党总裁鸠山一郎成立了第一任鸠山内阁,三木的"打倒吉田,成立鸠山内阁"的宿愿终于实现了。

翌年,自由党和民主党通过保守合并成立的自民党的诞生,一开始就为党派政治家的抬头打开了门户。

没有什么比坚持"滴水穿石"的反抗精神更强有力的了。

有这样骨气的人,在当今的政界是屈指可数的了

▎"撒网高手"的秘诀

所谓"省事",意思是减少事情,是在大事上倾注全力,而对于琐碎的小事则不必太拘泥。

这种观点的意思是,人的一生时间是有限的,没有闲工夫可以浪费在琐碎小事上,要在你认为是大事的事情上竭尽全力。而对于琐碎小事,应该"闭上眼睛"。

这种生活方式、行事方式,是一种合理主义。受羁绊、为情所左右,这些日本人的性格田中角荣也有;但另一方面,他身上用这种"省事"、合理主义来极为理智地处理事情的风格也非常明显。

"只要干工作,当然就会有批评。"田中曾经做过这样的发言。做事的时候就果断去做,认为不必要时就决不下手,所有的事

情都是如此。需要用钱来支持的人就给他钱，如果委以某种职位或头衔事情就能解决，那就满足其愿，田中就是这样排除各种不好的情绪来一一处理事情的。战斗的时候就全力拼杀，但在平时要和敌人保持还算说得过去的来往。即便是跟恋人约会，等候的时间也就正好 30 分钟。过了时间，即便看见她从那边过来了，也会转身回去干该干的工作。这是因为田中觉得反正还有机会（再约会），另外，迟到 30 多分钟，说明她的热情不像自己的热情这么高，所以就等 30 分钟。对于世间的任何事都能"闭上眼睛"也是很必要的，这就是田中的处世方式。

所有这些都跟偶尔必须排除消极情绪的"领导者的见识"相吻合。

有一个人以这种"省事"为他一生的宗旨、人生哲学，他就是椎名悦三郎。此人在昭和 49 年（1974 年）底田中因资金来源事件引退后，指名三木武夫任自民党副总裁接班人，暂且镇住了自民党的混乱状态，因这一"椎名裁定"而留名青史。尽管田中曾恳请他"内阁先交由你管理一阵儿"，他还是没有自己坐上政界的最高交椅，而是自始至终都在做"行司"（相扑裁判）。

这些姑且不论，椎名的"省事"作风很鲜明，其精髓在于在周围人看来，分不清他说的哪是真心话哪是场面话。其中有很多话在外人眼里看起来只不过是嫌麻烦、装糊涂。

这样的例子有很多。

在椎名当上工商省官员后的第二年,他被派往爱知县县厅任工商课长。每天办公桌上需要审批的文件堆得像座山,除了向中央交的文件以外,其余的文件椎名都让仅是小学毕业的勤杂工帮忙盖印章。那个小勤杂很感兴趣地拼命盖章。但是不久厅里就传来了不满声:"照这样下去大家都不会认真工作了。"结果,这种工作方式刚刚实行了一周就被迫停止了,以后他就不得不自己在那儿心不在焉地盖章了。

回想起那时候的事,椎名这样说道:

"我那是'睁眼瞎哲学'。反正这种事都是流水作业,那还不如尽可能节省脑力和体力,只管抬头看着天花板盖章就行了。"

在任池田内阁的通产大臣时,一次在预算委员会上,需要回答在野党的提问。但是,椎名对于自己感觉很无聊的提问,很擅长用下巴给政府委员席发指令,这时坐在那儿的通产省的次官、局长就会走到答辩席上去。提问的人会大叫着"我们不是在问政府委员!椎名,你来回答!"这时椎名才慢慢腾腾地站起身来,满不在乎地说:"让政府委员答辩!"只要是他认为无聊的事情,他就会绝对"省事"。

另外,椎名在佐藤内阁的"日韩国会"中任外务大臣时,在当时的预算委员会上,社会党议员对"向韩国道歉"问题提出了质问。椎名脸上一副"又来了"的表情,回答说:"我们正在深深反省。"社会党议员很倔强,又追问他:"'正在深深反省'是什么意思?"椎名说:"就是'正在痛切地反省'的意思。"委员会席位上传来一阵大笑,椎名仍是一副满不在乎的表情。

还有,当他受托作为外相在自民党内关于这一日韩问题的学习会上发表两小时的演讲时,他也是仅过了两分钟就从讲台上下来了。干事说:"椎名先生,这样学不到什么呀。"椎名就告诉他:"详细事宜去问负责的人吧。"

就是这样的椎名,在自民党副总裁、通产相、外相等各个位子上都留下了"名副总裁"、"名通产相"、"名外相"的名声。

椎名出生于岩手县水泽市,跟自由党党首小泽一郎是同乡。岩手县人自古就有"走起路来像武士一样端着膀子"的气概和风气。岩手县既是乡下又不是乡下,因为有人指出它有都市的感觉,对现代感的吸取既敏感又热情。

椎名的"省事"很符合他出生地的风气,特别与都市人追求的合理性相通。另外,椎名有位舅父在晚年把精力都投在了政治的伦理化运动上,他就是明治后半期到大正期间的大政治家后藤新平。这位后藤曾经说过:"原敬(第一位政党内阁首相)是在靠人数干政治,我则不同。"他是位始终在追求政治合理性的人物。椎名的"省事"被认为很大程度地受了这一合理性的影响。

椎名是这样讲述他在"省事"中处理大事时的心得的。

"撒网打鱼讲究时机,如果老是不停地撒网的话,那么打上来的净是些小杂鱼,应该瞅准时机撒网。"

这位看透了事情时机的"撒网高手"椎名是在告诉我们,如果拘泥于小事就会迷失大局的。

擅长把握大局本来就是一个人的"大气量"。

参考文献

《我眼中的田中角荣》(佐藤昭子·新潮社)

《早坂茂三之田中角荣回忆录》(早坂茂三·小学馆)

《竹下首相资料库》(时事通信社政治部·时事通信社)

《竹下登印象》(花冈信昭/小林静雄·行研)

《我战斗》(野中广务·文春文库)

《永田町的要员们》(岩见隆夫·德间文库)

《后藤田正晴》(保阪正康·文艺春秋)

《何为政治》《政治和官员》(后藤田正晴·讲谈社)

《支撑推动——我的履历书》(后藤田正晴·日本经济新闻社)

《人学》(伊藤肇·PHP 文库)

《渡边美智雄研究》(小池亮一·竹井出版)

《月刊情报》(平成 11 年 4 月号)

《金丸信权术研究》(仲卫·东洋经济新报社)

《堤义明》(铃木康夫·讲谈社)

《堤义明的职员教育》(小池亮一·PRESIDENT 社)

《堤义明如是说》(上之乡利昭·讲谈社)

《Made in Japan》(盛田昭夫/E·linegold·朝日新闻社)

《学历无用论》(盛田昭夫·朝日文库)

《我之思我之行》(松下幸之助·PHP 文库)

《松下幸之助一言(正·续)》(大久光·波书房)

《随想录》(高桥是清·平仓书房)

《是清翁遗训》(高桥定清·三笠书房)

此外还包括《朝日新闻》、《读卖新闻》的缩印版。